BAUCHGEFÜHLE

Raphael Bonelli:
Bauchgefühle

www.edition-a.at

Cover: Bastian Welzer
Satz: Anna-Mariya Rakhmankina

Gesetzt in der Premiera
Gedruckt in Deutschland

2 3 4 5 — 25 24 23 22

ISBN: 978-3-99001-603-9

Raphael Bonelli

BAUCH GEFÜHLE

Wie sie entstehen
Was sie uns sagen
Wie wir sie nützen

edition a

Für Vici

und

Damian
Vitus
Leopold
Johannes
Ferdinand

INHALT

EINLEITUNG
And here's to you, Mrs. Robinson

Es ist der Sommer des Jahres 1967 und Benjamin Braddock weiß nicht, was er mit seinem Leben anfangen soll. Wobei, das ist nicht ganz richtig: Eigentlich weiß er es zu gut.

Benjamin ist einundzwanzig Jahre alt, ein hübscher Junge und intelligent noch dazu. Das College hat er mit Auszeichnung abgeschlossen, seine Eltern sind stolz auf ihn. Den Sommer verbringt er bei seiner Familie in Südkalifornien, ehe er mit dem Medizinstudium beginnen soll. Seine Eltern unterstützen ihn dabei sowohl finanziell als auch mit ehrlichem Zuspruch.

Mehr kann sich ein junger Mann kaum wünschen. Und doch ist Benjamin unglücklich. Sein Verstand weiß, dass ihn ein sicheres, sorgenfreies Leben erwartet. Aber ist das genug? Hat er selbst sich sein Leben so vorgestellt oder erfüllt er bloß die Wünsche seiner Eltern?

Auf einer Feier, die seine Eltern zu seinen Ehren veranstalten, trifft er Mrs. Robinson. Mr. Robinson ist der Geschäftspartner seines Vaters, Mrs. Robinson seine Frau. Benjamin bemerkt, was er zuvor nie wahrgenommen hat: Mrs. Robinson ist eine schöne Frau. Und offenbar an ihm interessiert.

Als er sich mit ihr in einem Hotel trifft, um eine Affäre zu beginnen, siegen seine Bauchgefühle das erste Mal über seinen Verstand. Er weiß, dass das, was er tut, falsch ist. Mrs. Robinson riskiert ihre Ehe und er seine Zukunft. Doch er möchte sich frei fühlen, frei von allen Zwängen, unter deren Joch seine Eltern und die Gesellschaft ihn treiben wollen. Das unreflektierte Verfolgen seiner Gefühle und Triebe ist seine Vorstellung von Freiheit.

Mrs. Robinson stellt Benjamin nur eine Bedingung.

Er dürfe niemals mit ihrer Tochter Elaine ausgehen. Benjamin gibt ihr zunächst sein Wort. Doch seine Eltern, die natürlich weder von der Affäre noch von Benjamins Versprechen gegenüber Mrs. Robinson wissen, drängen ihren Sohn dazu, Elaine kennenzulernen. Schließlich gibt Benjamin nach.

Bei ihrem ersten Date versucht Benjamin zunächst noch alles, um das Treffen zu einer Katastrophe werden zu lassen. Schließlich möchte Elaine ihn nie mehr wiedersehen – und Benjamin erkennt genau in diesem Moment, dass er etwas für Elaine empfindet. Er entdeckt Schmetterlinge – in seinem Bauch.

Anders als Mrs. Robinson versteht Elaine seine Sorgen, den Druck, den er von seinen Eltern verspürt, die Angst, die ihn überkommt, wenn er an die Zukunft denkt. Benjamin bittet sie um Verzeihung und sie beginnen, sich häufiger zu treffen. Erneut sind es Benjamins Gefühle, die ihm den Weg weisen. Klug ist es jedenfalls nicht, dass er sich in die Tochter jener Frau verliebt, mit der er eine Affäre hat. Ehrlich kann er gegenüber Elaine zunächst auch nicht sein. Doch er liebt Elaine, oder zumindest glaubt er das. Und die Liebe als Zweck rechtfertigt für ihn die Mittel.

Erst als Mrs. Robinson droht, die ganze Sache auffliegen zu lassen, gesteht Benjamin Elaine die Wahrheit. Zum zweiten Mal will ihn Elaine daraufhin nie wiedersehen. Sie reist nach Berkeley, wo sie studiert.

Hier könnte die Geschichte enden, wenn Benjamin seine Gefühle etwas besser unter Kontrolle hätte. Er könnte aus seinen Fehltritten lernen, Verantwortung für seine Taten übernehmen und sein Studium aufnehmen. Doch Benjamins Bauch sagt ihm etwas anderes: dass Elaine die Liebe seines Lebens ist. Daraufhin nimmt er impulsiv den Alfa Spider, den er von seinen Eltern zum College-Abschluss bekommen hat, und fährt quer durch den Bundesstaat, bis er in Berkeley ankommt. Dort beginnt er sofort damit, nach Elaine zu suchen. Als er sie findet, weist sie ihn zurück. Doch Benjamin gibt nicht auf, und schließlich verzeiht im Elaine.

Die beiden nähern sich wieder an, doch bald taucht ein neues Problem auf: Elaine ist von ihren Eltern mit dem langweiligen, aber gut situierten Carl Smith verkuppelt worden. Als Elaines Eltern erfahren, dass Benjamin nach Berkeley gefahren ist, um ihre Tochter zurückzugewinnen, arrangieren sie eine überstürzte Hochzeit.

In einem dramatischen Finale findet Benjamin die abgelegene Kirche, in der die Trauung stattfindet. Elaine, sichtbar schockiert von seinem Auftauchen, aber überwältigt von seinem Kampf um sie, den sie als romantische Geste deutet, flieht im Affekt zusammen mit Benjamin aus der Kirche.

Sie entkommen Elaines Eltern und der Hochzeitsgesellschaft, als sie in einen Bus springen, kurz bevor sich dessen Türen schließen und er abfährt. Die anderen Fahrgäste werfen skeptische Blicke auf den jungen Mann, der aussieht, als hätte er drei Tage lang weder geschlafen noch geduscht, und auf die junge Frau in ihrem zerrissenen, staubigen Hochzeitskleid und mit der aufgelösten Frisur.

Die beiden jungen Verliebten achten nicht darauf. Sie setzen sich in die letzte Reihe, stoßen einen tiefen Seufzer aus und brechen in überschwängliches Gelächter aus. Im letzten Moment noch mal gut gegangen. Die Liebe hat gesiegt. Oder etwa nicht?

Ein schlechterer Film als *Die Reifeprüfung* (1967), der Dustin Hofmann in der Rolle des Benjamin Braddock damals zum Star machte, wäre an dieser Stelle zu Ende gewesen. Doch der Regisseur Mike Nichols stilisiert die Geschichte von Benjamin und Elaine nicht zu einer von Hollywoods übertriebenen Romanzen. Unbewegt hält die Kamera die Gesichter der beiden noch für eine Minute fest. Sie fängt ein, wie ihr Lachen langsam erstirbt, wie es zu einem schüchternen Lächeln wird, bis es schließlich einem betretenen Ausdruck weicht. Wir können geradezu hören, welche Gedanken Elaine und Benjamin durch den Kopf schießen.

War das die richtige Entscheidung? Macht es mich frei, meinen Gefühlen über jede gesellschaftliche Konvention hinweg zu folgen? Macht es mich glücklich? Wer ist die Person neben mir eigentlich? Und weiß ich überhaupt, wer ich selbst sein will? Elaine und Benjamin schaffen es nicht, sich anzublicken. Und damit endet der Film.

Ein Jahr nach Erscheinen des Films kam es zu den Studentenprotesten der 68er-Bewegung. In diesem Klima wurde Benjamins Verhalten auf zweierlei Arten gedeutet: Seine Affäre mit Mrs. Robinson, die in dem gleichnamigen Lied von Simon & Garfunkel bis heute gegenwärtig bleibt, war ein Aufbegehren gegen die traditionelle Gesellschaftsordnung. Und seine Beziehung zu Elaine stand für eine freie Liebe, die sich an keine Regeln halten musste.

Wenn man die Handlung der Geschichte allerdings genauer analysiert, wird klar, dass Benjamins Liebe für Elaine bloß eine Folge seiner zufälligen Bauchgefühle ist und nicht einer bewussten Entscheidung seines Herzens entspringt. Und schon gar nicht wurde er durch das Verfolgen seiner Gefühle freier.

Benjamin Braddock hat sich von seinen Bauchgefühlen leiten lassen. Genau wie seine Generation folgte er nicht seinem Herz, sondern seinem Bauch. Die Psychologie der 68er-Generation und der »sexuellen Revolution« besagte: Folge deinen Gefühlen! Denke in erster Linie an dich selbst! Freiheit ist, dem Bauch ungebremst nachzugeben! Ganz nach dem damals propagierten Motto: »*Wer zweimal mit der Gleichen pennt, gehört schon zum Establishment.*« Eine Ideologie, deren Spuren auch heute noch deutlich zu spüren sind. Selbstverwirklichung ist ein anderer Ausdruck für Egoismus geworden, und was viele Menschen für Liebe und eine Entscheidung des Herzens halten, ist oftmals bloß die Gier nach der Befriedigung des eigenen Bauches. Nicht zuletzt die »Me-Too«-Bewegung hat die rücksichtslosen Bedürfnisse der 68er-Männer trefflich entlarvt.

Die Folgen der »sexuellen Revolution« sind oftmals Narzissten, die eigene Befindlichkeiten über alles andere stellen, aber auch Depressionen, weil der Sinn des Lebens sich eben nicht im Befolgen der eigenen Triebe erschöpft. Das Versprechen eines freien und glücklichen Lebens kann erst eingelöst werden, wenn wir lernen, zwischen Bauch und Herz zu unterscheiden und unsere Bauchgefühle nach unserm Herzen neu zu prägen.

Darum soll es in diesem Buch gehen.

AUS DEM BAUCH HERAUS

Der Charakter Benjamin Braddock handelt beständig aus dem Bauch heraus. Er tut, was ihm in diesem Moment lustbringend erscheint, ohne auf ein längerfristiges Ziel oder mögliche Konsequenzen seines Handelns zu achten. Unter dem Deckmantel von Selbstverwirklichung und Nonkonformismus schiebt er die Entscheidung bezüglich seiner Zukunft immer weiter hinaus und ignoriert seine sorgenvollen Eltern. Stattdessen stürzt er sich von einem Abenteuer ins nächste. Zunächst trifft er sich mit der in ihrer Erfahrung und Unerreichbarkeit anziehend wirkenden Mrs. Robinson, danach mit ihrer Tochter.

Nur wer bereit ist, dieses Verhalten zu verklären und zu romantisieren, könnte Braddocks unreife Gefühle für reife Liebe halten. Um Braddocks Verhalten zu verstehen, müssen wir seinen Bauchgefühlen auf den Grund gehen. Wir müssen verstehen, wie der Bauch funktioniert.

Dabei soll der Bauch keinesfalls als Feind verstanden werden. Der Bauch ist essenziell für unser Leben. Er ist die Basis, die Grundlage. Wird er jedoch zu unserem alleinigen Leitprinzip, wie im Fall von Benjamin Braddock, werden wir kein Glück finden. Im Gegenteil, am Ende werden wir meist vor Frust, Leid und allerhand Problemen stehen. Doch es ist nicht die Aufgabe des Bauches, uns langfristig glücklich zu machen. Der Bauch denkt nicht langfristig, er entwirft keine Lebensplanung. Er lebt im Hier und Jetzt. Ihn dafür verantwortlich zu machen, wäre so, wie dem Wirtschaftsminister vorzuwerfen, dass das Bildungssystem nicht funktioniert. Das ist einfach nicht seine Aufgabe.

Mit seiner Impulsivität und Spontaneität kann er uns in vielen Lebenssituationen helfen. Der Bauch ist es, der uns mit intuitivem Grummeln oder Ziehen zu verstehen gibt, wenn etwas nicht zusammenpasst, ohne dass wir sofort sagen könnten, was das wäre. Der Bauch reagiert oft schneller und sensibler als der Verstand, er ist das Auffangbecken unserer Erfahrungen und sieht Dinge, die wir mit unseren Augen oder unserer Vernunft nicht wahrnehmen können. Er gibt den Takt an im Orchester der Wahrnehmung. Der Bauch entscheidet, ob wir eine Person sympathisch finden oder ob wir ein gutes Gefühl bei einer Sache haben.

Wer lernt, seinen Bauch klug zu nützen, kann daraus viele Vorteile ziehen. Wenn ein junger Arzt seine Ausbildung zum Psychiater beginnt, ist er nach zwei oder drei intensiven Gesprächen mit Patienten bereits völlig erschöpft. Sein Kopf ist schwer von all den verwirrenden Fakten, die er zu einer komplizierten Diagnose zusammenfügen muss, und am Ende des Tages kann er nur noch erschöpft ins Bett fallen.

Das ändert sich mit der Zeit. Mit zwanzig oder dreißig Jahren Erfahrung kann er bis zu zehn Sitzungen am Tag leisten und in jede geht er ausgeruht und mit Freude an seiner Arbeit hinein. Und danach bleibt auch noch Zeit für die Familie. Woran liegt das?

Wenn ein Patient in eine psychiatrische Praxis kommt und einem älteren und erfahrenen Arzt von seinen Problemen erzählt, reicht dessen Erfahrung meist aus, um eine Erstdiagnose zu stellen, ohne dass er alle psychologischen Theorien bewusst präsent haben muss, die er jemals gelernt hat. Verhaltensweisen wiederholen sich, Geschichten und Beschwerden ähneln sich, anders wäre die Kunst der Medizin und auch die der Psychotherapie gar nicht möglich. Die Bauchgefühle des Psychiaters nehmen unbewusst Anzeichen wahr, die ihm nicht sofort bewusst vor Augen treten müssen. Denn er hat diese Anzeichen schon unzählige Male gesehen.

Ob jemand narzisstisch veranlagt ist, unter einer Depression leidet, unglücklich in seiner Beziehung ist oder ein Perfektionist, erkennt ein erfahrener Psychiater oft, bevor ihm der Patient seine Geschichte erzählt hat. Der Bauch hilft dabei, eine Ersteinschätzung zu liefern. Und je größer unsere Erfahrung ist, desto öfter werden wir damit richtig liegen. Das gilt nicht nur für Psychiater und Detektive, sondern für praktisch jeden Beruf – vom Rechtsanwalt bis zum Klempner.

Jeder weiß, wie wichtig es ist, einem richtigen Gefühl nachzugehen. Selbst die besten Detektive der Literaturgeschichte wie Sherlock Holmes oder Hercule Poirot scheinen ihre Ermittlungen oft aus einer Laune oder einem Impuls heraus zu beginnen, bevor sie sich analytisch an die Lösung des Falles heranarbeiten. Es ist die Intuition, die sich diese Meisterdetektive in jahrelanger Arbeit angeeignet haben und von der sie auf die richtige Fährte geführt werden. Erst wenn sie diese gefunden haben, kann die rationale Denkarbeit zum Ziel führen. Intuition ist aber die Folge von jahrelangem und mühseligem Sammeln von Erfahrung durch präzise Analyse der Indizien. Sie ist eine mühelose Fähigkeit, die durch viel Mühe erworben wurde.

Doch wir müssen vorsichtig sein, denn der Bauch ist manchmal auch ein orientierungsloser Einflüsterer, ein blinder Führer und kopfloser Berater. Nicht jedes Bauchgefühl erspürt intuitiv das Richtige. Aber jedes Bauchgefühl fühlt sich so an. Manchmal spielt es uns vor, Erfahrung auf einem Gebiet zu besitzen, obwohl wir kaum etwas darüber wissen. Täuscht uns das Gefühl jedoch bereits am Anfang und beginnen wir, an der völlig falschen Stelle zu suchen, verlieren wir zumindest wertvolle Zeit. Oder sogar viel Geld. Wer kennt ihn nicht, den todsicheren Anlagetipp, bei dem der Verstand alle roten Flaggen übersieht, weil der Bauch völlig überzeugt ist? Oder den Mann fürs Leben, der schon drei Scheidungen hinter sich hat, doch der Bauch ist sich sicher, diesmal wird es klappen?

Nicht selten werden der Intuition magische, übersinnliche Eigenschaften zugesprochen. Doch auch sie ist begrenzt und will richtig eingesetzt werden. Die Intuition ist ein erlernter emotionaler Automatismus, der auf den bisher gemachten Erfahrungen und Verhaltensmustern beruht. Das ist wahnsinnig praktisch. Mit ihr lässt sich das Leben fortsetzen, wie es war, ohne viel nachzudenken – aber keine großen Sprünge machen. Ein intuitiver Krimineller wird immer kriminell bleiben.

Bauchgefühle sind zweifellos nützlich. Das merkt man am Verhalten der Menschen, die keine haben. Sie haben eine Warnfunktion und geben uns Signale und Hinweise. Wie ein Hund, der bellt. Oder eine Alarmanlage. Sie sind hochsensibel, umsichtig, schlagen schnell an. Oft stimmen sie auch in ihrer unmittelbaren Wahrnehmung (dass da irgendetwas ist), irren sich aber häufig in der mitgelieferten Deutung. So kann ein abweisender Mensch tatsächlich ein überheblicher »Gockel« sein, wie es sich zunächst anfühlt – oder auch ein schüchterner Angsthase, der seine Menschenfurcht zu verbergen sucht. Auch ist großer Appetit prinzipiell ein Zeichen von guter Gesundheit – braucht aber bei den meisten Menschen noch eine kurze kognitive Überprüfung. Deswegen bedarf es einiger Übung, Analyse und Selbstreflexion, seine eigenen Gefühlswahrnehmungen richtig zu deuten. Viele Menschen überschätzen die Fähigkeit des Bauches, seine eigenen Gefühle zu interpretieren. »Der oder die mag mich nicht« wird oft viel zu schnell gemutmaßt, aufgrund eines kurzen scheelen Blickes. Manchmal mit heftigen Konsequenzen, wie man sich leicht vorstellen kann.

Würde ein Psychiater zu Beginn seiner Karriere nur auf seinen Bauch hören, dann würde er kläglich scheitern. Am Anfang seiner Laufbahn sind bereits zwei Patienten am Tag eine schier unüberwindbare Hürde. Es ist ganz einfach zu erkennen, woran das liegt: an der fehlenden Erfahrung. Man hat kein Repertoire, auf das man zurückgreifen kann. Das muss man sich erst hart erarbeiten. Jedes Wort, das aus dem Mund eines Patienten dringt, muss man sich einprägen, als wäre es eine neue Sprache. Man muss es zerlegen und von jeder Seite betrachten. Umständlich mit der Vernunft analysieren. Bücher konsultieren. Erfahrene Kollegen befragen. Und man muss vor allem aus Fehlern lernen. Das tut ein guter Psychiater später auch noch, allerdings sind die Fehler seltener und die Zeit, die man benötigt, um Gesagtes zu verarbeiten, ist kleiner geworden. Man muss seinen Bauch zuerst mit Erfahrung füllen, auf die man später unbewusst zurückgreifen kann. Und die man sich mit seiner Vernunft erarbeitet hat. Das dauert lange, erfordert viel Geduld und ist oft mit harter Arbeit verbunden. Doch geben wir sofort unseren Bauchgefühlen nach, greift unser Bauch nicht auf Erfahrung zurück, sondern auf Gefühle, Wünsche und Phantasien. Wir verwechseln dann unsere Intuition, die auf Erfahrung und Übung beruht, mit unseren Trieben. Dann unterwerfen wir uns dem Bauch, oftmals ohne es zu merken. Denn beides fühlt sich gleich an.

Das Es des Dorian Gray

In der psychologischen Theorie ist es sehr beliebt, mit Metaphern zu arbeiten, um ein Bild der Prozesse zu zeichnen, die sich in uns abspielen. So ist der hier angesprochene »Bauch« nicht mit dem organischen Magen-Darm-Trakt zu verwechseln. Er spielt im Konzept dieses Buches zum einen die Rolle der vielen verschiedenen, sich oft auch widersprechenden Bedürfnisse, Gefühle, Triebe, Emotionen und Fantasien, doch er beheimatet auch die Intuition und wirkt als Speicher der Erfahrung, oft im Unbewussten, dem direkten Zugriff der Vernunft verborgen.

Bauchgefühle sind Gefühle, die uns kurzfristig Befriedigung verschaffen, doch langfristig von einem tiefen, sinnstiftenden Glück fernhalten. *Der Bauch*, sagt Sigmund Freud, *kennt keine Moral.* Dabei ist der Bauch selbst nicht böse. Er ist nicht der teuflische Widersacher im Kampf ums Glück. Vielmehr ist er eine existenzielle Funktion des Menschen. Die plötzliche Angst zum Beispiel, die uns hindert, etwas Gefährliches zu tun, ist überlebensnotwendig. Ohne Sympathie, die wir Menschen gegenüber verspüren, gäbe es keine Gesellschaft, keine sozialen Bindungen. Der Bauch führt Menschen zusammen. Und auch die Lust kann dabei helfen, Unsicherheit und Lethargie zu überwinden.

Doch überlassen wir dem unreflektierten Bauch das Kommando, verlieren wir uns in diesen Gefühlen und werden zu Maschinen, bloße Vollstrecker triebgesteuerter Befehle. Wir verlernen nicht nur, rational zu denken und Situationen zu analysieren. Wir geben damit auch das ab, was uns zu Menschen macht: mit dem Herzen zu entscheiden. Doch dazu kommen wir später.

Zunächst ist es wichtig, zu verstehen, was der Bauch will. Zuvor wurde gesagt, was nicht zu seinen Aufgaben gehört: zu planen, abzuwägen, zu analysieren, diszipliniert zu sein. Doch was ist seine Aufgabe? Was will der Bauch?

Sigmund Freud hat dieser Frage großen Platz in seinem Denken eingeräumt. Vor über hundert Jahren entwickelte er mit dem Begriff des Es eine Instanz, die den Bauch gut beschreibt. In Freuds Modell wird das Es begleitet von Ich und Über-Ich. Deswegen spricht man in der Fachsprache vom *»Drei-Instanzen-Modell«*.

Das Es ist im Freud'schen Modell die dominante Instanz. Es schläft tief im Unbewussten wie ein Leviathan im dunklen Ozean. Alles Verdrängte treibt darin herum und strebt der Oberfläche zu. Und wir Menschen verdrängen viel: verbotene Lustgefühle, nicht eingestandene Schuld, gefährlichen Hass. Würden wir uns all diese Dinge eingestehen, dann würden sie das großartige Bild, das wir von uns selbst gerne zeichnen, ganz schön durcheinanderwirbeln.

Doch nicht nur Verdrängtes findet sich im Es, sondern auch die lebenserhaltenden Triebe. Das Kind ist reines Es, meinte Sigmund Freud. Ein Kind schreit, wenn es Hunger oder Schmerzen hat. Es argumentiert nicht, es schiebt seine Begierden nicht auf, es unterdrückt sie nicht. Sein ganzer Körper ist ein Vehikel des Triebausdrucks. Später wird das Leben für den Menschen freier, denn er lernt, dass Trieben nicht sofort nachgegeben werden sollte: Die Vernunft entwickelt sich. Dem Bauchmenschen fällt dieser vernünftige *»Triebaufschub«* oder gar der *»Triebverzicht«* – wie Freud das meisterlich formuliert hat – jedoch schwer. Wahrnehmung und Eindrücke formen das Es, und es ist die Gesamtheit aller uns zugänglichen und unzugänglichen Gefühle.

Der Bauchmensch kommt nie zur Ruhe, weil er nicht nur ein Bauchgefühl hat, das er befriedigen muss, sondern viele. Und diese widersprechen sich teilweise diametral. Deswegen ist er immer ein Getriebener. Auch ist die Befriedigung des Bauches kurzfristig und führt nicht selten in eine Sackgasse – wie etwa den Alkoholismus. Auf der Ebene des Bauches allein wird der Mensch niemals glücklich. Der Bauchmensch ist unfrei, eine Nussschale in der aufgewühlten See, und so zum Scheitern verurteilt. Provokant bringt es Freud auf den Punkt: Der Bauch – das Es – ist *»polymorph pervers«*. Er will tief unten drinnen – im Unbewussten und Verdrängten – so manches, was wir bewusst gar nicht wollen. Freud dachte, diese dunklen Tiefen machen den Menschen aus – hier irrte er allerdings. Den Menschen macht aus, wie er mit diesen Schrecken der Tiefe umgeht.

Die zweite Instanz ist bei Freud das Über-Ich, also die Gesetze und Regeln, die das Es zuerst von der Familie, meist von einem strengen Vater, vorgesetzt bekam. Das Über-Ich bereitete den Menschen darauf vor, später in einer Gesellschaft zu leben, deren Gesetze an die Stelle der väterlichen Ordnung treten. Viele psychologische Probleme entstehen für Freud aus dem Konflikt mit einem als übermächtig empfundenen Vater. Das Über-Ich ist bei Freud ein reiner Lautsprecher der Gesellschaft, eine Art Fernsteuerung, für die man nichts kann. Die einem sozusagen von außen eingesetzt wird, ob man das will oder nicht. Da hat Freud die Vernunft leider stark unterschätzt.

Das Ich als dritte Instanz ist das Bewusstsein (im Gegensatz zum unbewussten Es) und eine arme Wurst, hilflos eingeklemmt zwischen den diktatorischen Forderungen des Es und des gestrengen Über-Ich. Von unten dröhnt das Es gierig: »Ich will!« Von oben droht das Über-Ich mit erhobenem Zeigefinger: »Du darfst nicht!« Das Ich möchte es beiden Instanzen recht machen – was niemals gelingen kann. Es ist im permanenten Dilemma. Für Freud war dieses Ich fremdbestimmt, also determiniert. Freud sagte, das Ich wäre die Oberflächenschicht des Es. Allerdings lehrte er ein paar Jahrzehnte später auch *»wo Es ist, muss Ich werden«*, das bedeutet, es hat Sinn, sich unbewusste Abläufe bewusst zu machen. Umgekehrt vergrößert man das Es, wenn man unerwünschte Inhalte (wie zum Beispiel Schuld) ins Unbewusste verdrängt.

Der Roman *Das Bildnis des Dorian Gray* von Oscar Wilde bildet das Es in anschaulicher Form ab. Dorian Gray ist ein junger, schöner, aber etwas unbedarfter Mann, der vom älteren, erfahreneren, gleichermaßen eloquenten wie zynischen Lord Henry in die britische Gesellschaft eingeführt wird.

Zu Beginn der Geschichte fertigt der Maler Basil ein Bildnis von Dorian an, das seine ganze jugendliche Schönheit wiedergibt. Doch bald schon merkt Dorian, dass dieses Bild all seine Sünden und Exzesse auf sich nimmt. Sein eigenes Gesicht bleibt von Drogen, Alkohol, Verschwendungssucht und nicht zuletzt Untreue verschont. Er kann den Menschen als unschuldiger Schönling entgegentreten und seinen Vernichtungsfeldzug gegen seine eigene Seele ungehemmt fortsetzen. Es kommt zu keinem Moment der Reflexion über seine Taten, da er keine Konsequenzen zu spüren bekommt.

In einem genuin freudianischen Moment verdrängt Dorian seine Taten, nicht bloß metaphorisch, sondern wortwörtlich, indem er sie auf sein Bild überträgt. Während er äußerlich makellos bleibt, wird sein Porträt zu dem eines unansehnlichen Monsters. Für Freud hat der Mensch keinen direkten Zugang zum Es, sondern erhält nur peripher Zugang zu ihm durch Träume oder Neurosen. Das ist vermutlich gar nicht schlecht so, denn könnten wir in das Es hinabsteigen, würde es uns womöglich so ergehen wie Dorian Gray.

Als er sein Bild, das er vorsorglich auf dem Dachboden vor neugierigen Blicken verschlossen hält, schließlich zu Gesicht bekommt, treten ihm all seine Verfehlungen mit einem Mal entgegen. Das einstmals so schöne Porträt ist zu einem Spiegel seiner Seelenabgründe verkommen. Im Schock möchte er das Bild vernichten und sticht mit einem Messer darauf ein. Doch wir können so wenig ohne ein Es leben, wie es das Es ohne uns geben kann. Und somit ist das Ende seines Porträts auch Dorians eigenes Ende.

Das Es ist also zu vergleichen mit dem Porträt von Dorian Gray. Was verbindet nun Freuds Es mit dem Bauch?

Obwohl die moderne Psychotherapie Freud viel verdankt, vor allem das Aufbrechen zahlreicher Tabus und das Verständnis des Menschen als ein kompliziertes, vielschichtiges Wesen, hat sich der Stand der Wissenschaft seit damals verändert. Einige von Freuds Annahmen sind nicht mehr haltbar. Von einigen Seiten (wie etwa Alfred Adler) wird kritisiert, dass Freud den Ursprung aller psychischen Probleme in der Sexualität sieht. Auch wird ihm ein Reduktionismus vorgeworfen, denn für Freud sind psychische Reaktionen letztlich nichts anderes als die Auswüchse biologischer Vorgänge, die wiederum rein materieller Natur sind – der Geist ist also bei ihm bloß ein Ausfluss der Materie. Freud war hier eben auch nur ein Kind seiner Zeit: des 19. Jahrhunderts. Besonders problematisch aus moderner neurowissenschaftlicher Sicht ist ein Eckpfeiler seines Konzepts: der Determinismus.

Denn für Freud gilt, was bereits der deutsche Philosoph Arthur Schopenhauer so pointiert ausdrückte: »*Wir können wissen, was wir wollen. Aber wir können nicht wollen, was wir wollen.*« Das Ich von Freud wird zwischen Über-Ich und Es hin- und hergestoßen wie ein wehrloser Unterstufenschüler auf dem Pausenhof. Es hat keine Möglichkeit, mit dem Verdrängten und dem Unbewussten zu interagieren. Im besten Fall, meint Freud, kann man das Verdrängte aufarbeiten, zum Ausdruck bringen und so die Neurose lösen, in der es sich manifestiert hat. Doch für Freud sind Menschen nicht frei. Bei diesem Gedanken ist Freud tatsächlich von Karl Marx beeinflusst. So wie Marx eine Gesellschaft nicht als frei ansah, sondern als bestimmt durch ihre Produktionsbedingungen, so betrachtet Freud das Individuum als determiniert durch Über-Ich und Es. Die Eigenverantwortung des Menschen wird somit in Abrede gestellt, gute Taten sind keine persönlichen Verdienste mehr und Schuld gibt es dann natürlich auch keine. Und die Möglichkeiten des Menschen, sich zu ändern, ist begrenzt. Freier Wille ist für Freud ein gut gemeintes Märchen.

Das sieht die moderne Neurowissenschaft anders. In der Frage nach der individuellen Entscheidungsfreiheit weichen Freuds Modell und die neue Konzeption des Menschen stark voneinander ab. Tatsache ist nämlich: Wir können unsere Bauchgefühle prägen. Nicht nur lernen, mit ihnen notdürftig zu leben, sondern sie zu unserem Vorteil zu nutzen. Wir sind nicht unsere Gefühle. Wir haben Gefühle. Und wir sind innerlich so frei, dass wir an unserem Charakter arbeiten können.

Bevor zu klären sein wird, wie das gelingen kann, soll zunächst noch ein doppeltes Grundprinzip der Bauchgefühle aufgezeigt werden, in der Psychoanalyse als *»Lustprinzip«* bekannt. Diesen natürlichen Zwillingsantrieb gut zu verstehen ist essenziell, um unsere Freiheit und unser Glück selbst in die Hand zu nehmen. Wer den Bauch richtig handhabt, ihn weder über- noch unterschätzt, hat meist schon gewonnen.

Ja und Nein: Lustmaximierung und Unlustvermeidung

Die beiden Antriebe des Bauches – wie auch des Es – sind, nach Sigmund Freuds wohl bekanntestem Zitat, *»Lustmaximierung und Unlustvermeidung«*. Es sind zwei Prinzipien, die, sofern uns kein Korrektiv zur Verfügung steht, gegen unser langfristiges Glück arbeiten. Denn sie verleiten uns dazu, kurzfristig und triebgesteuert zu handeln.

Erinnern wir uns an Schopenhauers Aphorismus: Wir können nicht wollen, was wir wollen. Das gilt zwar nicht für den Menschen, allerdings für seinen Bauch. Der Bauch will zwanghaft und unfrei Lust maximieren und Unlust vermeiden. Hier lohnt es sich, zu Herrn Gray zurückzukehren. Dorian ist völlig bauchgesteuert. Alle seine Taten haben zum Ziel, entweder seine Lust zu steigern oder Unlust zu vermeiden.

Er lügt und betrügt, um sich Probleme zu ersparen. Seinen alten Freund Lord Henry belügt er, als dieser feststellt, dass Dorian nicht zu altern scheint. Er sucht Ausreden, um sich nicht weiter erklären zu müssen, denn das würde unweigerlich Unlust bereiten. Doch auch Langeweile ist für Dorian unerträglich, und so muss er stets nach dem nächsten großen Kick suchen, um sich zu stimulieren.

Dorian ist ein Profi darin, Lust zu maximieren: Von Spelunken über Spielhöllen bis zu Bordellen und Weltreisen lässt er nichts aus, um noch ein klein wenig mehr Lust für sich herauszuschlagen.

Wie der Bauch kann auch Dorian nie genug bekommen. Es ist ein bemerkenswertes Paradoxon, dass der Bauch immer mehr will, je mehr man ihn füttert. Er hat nie genug, im Gegenteil: Er verschlingt so viel, bis nicht einmal mehr die Person übrigbleibt, die ihn befriedigt. Der Bauch ist ein Fass ohne Boden.

Als die Personifikation des Bauchmenschen trägt Dorian alle Probleme in sich, die aus dem Bauch heraus entstehen. Er ist egozentrisch, gierig, getrieben von seinen unreflektierten Bedürfnissen. Gleichzeitig ist er unfähig (oder unwillig), über sein Verhalten nachzudenken oder tiefere Gefühle und Bindungen zu entwickeln. Für gewöhnlich würde man sagen, man kann die Persönlichkeit eines Menschen nicht in einem Porträt einfangen. Zu komplex und vielseitig ist sie. Doch in Dorians Fall, der ganz seinem Bauch folgt, ist das möglich. Denn reine Bauchmenschen haben eine oberflächliche, einfache, leicht durchschaubare Persönlichkeit. Sie gelangen nicht bis zum Kern ihres Seins, ihrer Berufung, denn die kurzfristige Triebbefriedigung steht ihnen dabei im Weg.

Es ist bezeichnend, dass Dorian das gesamte Buch über keinen Plan zu verfolgen scheint, kein höheres Ziel, weder ein gutes noch ein schlechtes. Der Bauch handelt kurzfristig, spontan, unüberlegt, auf die nächste, schnelle Befriedigung bedacht.

Wie viele literarische Figuren ist auch Dorian Gray ein Extremfall. Für gewöhnlich erfahren wir Konsequenzen, wenn wir dem Bauch nachgeben. Doch an diesem drastischen Beispiel wird deutlich, welche Probleme sich aus einer Übermacht des Bauches ergeben: Begierde wird mit Liebe verwechselt, Gier verdrängt und erstickt unsere Werte, Selbstzufriedenheit macht uns blind für andere und Angst bestimmt unseren Alltag.

Vor allem ist es einem Menschen, der ganz Bauch ist, unmöglich zu verstehen, was er selbst ist. Er fühlt, was sein Bauch will, doch er will und kann nicht erkennen, wie er nachhaltig handeln soll. Seine Handlungen werden hin und hergetrieben von den schwankenden, wechselnden und widersprüchlichen Bauchgefühlen.

Es gab in der Geschichte der Psychologie unendlich viele Arten, menschliche Gefühle einzuteilen. Die meisten Systeme sind recht kompliziert und – ehrlich gesagt – etwas verkopft. Die stimmigste und einfachste Systematik ist die Einteilung nach dem Freud'schen Doppelprinzip *»Lustmaximierung und Unlustvermeidung«*. Affirmative Gefühle wollen in erster Linie maximale Lust erreichen. Koste es, was es wolle, ohne Rücksicht auf Verluste. Volles Risiko. Sie sind sozusagen die Offensive des Bauches. Hier ist die Unlust im Hintergrund. Aversive Bauchgefühle hingegen wollen in erster Linie Unlust vermeiden. Sie wehren ab, verhindern. Für sie ist die Lust nebensächlich. Sie sind die Defensive.

Bei den aversiven Bauchgefühlen handelt es sich um Gefühle wie Angst, Hass, Zorn, Wut, Verachtung, Antipathie, Faulheit, Zwang, Ekel, Aggression, Diskriminierung, Neid oder Verweigerung. Es sind negative, verneinende Gefühle, die uns vor etwas Schädlichem bewahren wollen. Aber sie hindern uns auch daran, eine möglicherweise schmerzliche Wahrheit zu erkennen. Wenn ich aus Angst nie eine Aufgabe angehe, kann ich nicht scheitern und dadurch auch keine Unlust erfahren. Natürlich ist das kurzfristig und irrational gedacht – wie der Bauch eben ist. Aggression und Hass verunmöglichen tiefe emotionale Beziehungen, doch der Bauchmensch glaubt sich durch sie davor geschützt, von einer anderen Person verletzt zu werden. Diskriminierung und Verweigerung nützen dem Bauchmenschen, sich in seiner eigenen Welt zurechtzufinden, in der immer die anderen Schuld haben und man sich nicht mit eigenen Unzulänglichkeiten auseinandersetzen muss, was ebenfalls Unlust bringen würde. Die Folge der aversiven Bauchgefühle sind meist Vermeidung und Ausgrenzung – am Ende verlieren wir dadurch unsere Freiheit.

Die affirmativen Bauchgefühle hingegen schlagen in die andere Richtung aus. Sie treiben uns zu einem scheinbar nützlichen Gut. Wenn sie aber nicht vernünftig eingegrenzt werden, bejahen sie die Welt in einer ungeordneten, oft ungesunden Übertriebenheit. Ungeordnete, hemmungslose affirmative Bauchgefühle sind etwa Habgier, Glücksspielsucht, Kaufsucht, Sexsucht, Fresssucht, Drogensucht, Alkoholismus, Internetsucht, Geltungssucht, Handyabhängigkeit, Computerspielabhängigkeit oder auch übertriebene Vertrauensseligkeit. Dabei giert der affirmative Bauchmensch nach immer »mehr vom Selben« und verliert so ebenfalls – wie der aversive Bauchmensch – auf ganz andere Weise seine Freiheit.

Fast alle Bauchgefühle bringen – in rechte Bahnen gelenkt – großen Nutzen, sowohl aversive als auch affirmative. Aversive Bauchgefühle können vor etwas schützen, affirmative Bauchgefühle können uns auf etwas Gutes aufmerksam machen und dessen Erlangen erleichtern. Aber nützliche Gefühle sind immer einerseits von der Vernunft geprüft und andererseits vom Willen in vernünftige Grenzen eingeordnet worden. Denn Gefühle können manchmal irren, doch fast immer übertreiben sie. Das Kennzeichen eines Bauchmenschen ist es eben genau, dass er es mit dem Ausagieren seiner Gefühle durch mangelnde kognitive Prüfung übertreibt, sich deswegen in der Unordnung verliert und kein rationales Maß mehr finden kann. Das gilt für seine aversiven wie affirmativen Bauchgefühle. Der Bauchmensch landet so unweigerlich in einer Form von Unfreiheit. Weil der Bauch aus sich heraus kein Maß kennt, keine Balance hat.

Ein gutes Beispiel für eine solche Übertreibung ist der Film *Der Ja-Sager* (2008) mit Jim Carrey. Darin verkörpert Carrey den geschiedenen Kreditberater Carl Allen. Carl ist ein negativer und unglücklicher Mensch: Seine Trennung hat er noch nicht überwunden, seinen Job findet er langweilig und er trifft kaum noch Freunde. Die aversiven Gefühle sind bei ihm übergewichtet. Carl tut alles, um Unlust zu vermeiden, und isoliert sich zunehmend von der Außenwelt. Seine Freiheit schwindet durch eine progressive Vermeidungshaltung.

Als er die Verlobungsfeier seines besten Freundes verpasst, beschließt Carl, sich zu ändern. Nur sucht er keinen Psychotherapeuten auf, sondern einen fragwürdigen Motivationscoach und Guru. Dieser empfiehlt ihm, eine Zeit lang zu allem »Ja« zu sagen, um so eine positivere Lebenseinstellung zu gewinnen. Carl gleitet also vom aversiven ins affirmative Extrem über. Das ist natürlich fiktiv, aber ein interessantes Gedankenexperiment.

Er lernt das Gitarrenspiel und Koreanisch und schreibt sich für Flugstunden ein. In seiner Arbeit gewährt er jedem Antragsteller einen Kredit, denn ein »Nein« gibt es für ihn nicht mehr. Mit seiner neuen Lebensweise lernt er die Musikerin Allison kennen. Die beiden verlieben sich ineinander. Doch als Allison erfährt, dass sich Carl entschlossen hat, zu allem und jedem »Ja« zu sagen, trennt sie sich von ihm. Denn wie echt und tief kann die Liebe eines solchen Menschen sein? Wer zu jedem Reiz »Ja« sagt, wer also seine affirmativen Gefühle nicht mehr kontrollieren kann, der verliert seine Selbstbestimmtheit und sitzt auf einem heißblütigen Hengst ohne Zaumzeug. Liebe besteht nicht darin, spontanen Gefühlen nachzugeben. Es ist eine bewusste Entscheidung. Das unreflektierte Ja ist genauso wenig frei und selbstbestimmt wie das unreflektierte Nein.

Das erkennt schließlich auch Carl und seine Geschichte erfährt ein Happy End. Aber sie zeigt eine wichtige Tatsache: Der Bauch per se ist kein guter Ratgeber, weder aversiv noch affirmativ.

Unsere Zeit scheint verlernt zu haben, dass Freiheit nicht darin besteht, jederzeit dem eigenen, momentanen Lustbedürfnis zu folgen. Ebenso die Tatsache, dass dieses Verhalten ungeprüft ein sicherer Weg in die Unfreiheit ist – in die affirmative oder aversive Unfreiheit. Wie sich echte Freiheit konstituieren kann, dem werden wir etwas später nachgehen.

Wie kann man die innere Zerrissenheit erklären, durch die der Mensch sich von allen anderen Lebewesen abhebt? Dabei muss man gar nicht an Extrembeispiele wie Drogensucht, Alkoholismus oder außereheliche Affären denken. Fast jeder von uns hat einen Freund oder eine Freundin mit dem guten Vorsatz, abzunehmen – ein je nach Statur und Bauchumfang berechtigtes oder weniger berechtigtes Bauchgefühl – und gleichzeitig wird er oder sie womöglich jeden Abend eine Tafel Schokolade »brauchen« (ein anderes Bauchgefühl). Zwei sich völlig widersprechende Intentionen, die sich in ein- und demselben Menschen finden. Oder noch einfacher, richtig plakativ: Ein Mann hat Lust eine hübsche Frau anzusprechen (affirmatives Bauchgefühl) aber er traut sich nicht (aversives Gefühl). Wie kann es das geben?

Die Antwort wurde schon weiter oben angedeutet: Es gibt nicht nur ein Bauchgefühl, sondern viele. Und sie ergänzen sich nicht unbedingt harmonisch, sondern widersprechen sich mitunter diametral. Der Bauch will nicht »das Eine«, sondern er will ganz viel Verschiedenes. Er ist extrem ambivalent: Oft will er – und will gleichzeitig nicht. Man kann faul sein und doch hoch hinauswollen. Man kann seiner Frau treu bleiben und sich gleichzeitig nicht von seiner Affäre trennen wollen (ein übrigens sehr häufiges Phänomen). Man will endgültig aufhören Alkohol zu trinken – aber morgen. Kurz: Der Bauch ist *»ein Reich, das in sich gespalten ist«*, ein brodelnder Vulkan.

Es gibt in unserem Bauch gleichzeitig aversive und affirmative Gefühle, leise und laute, nützliche und verkehrte, freundliche und gefährliche, *Lustprinzip und Todestrieb*. Wenn der Mensch ein Gefühl leiser gestellt hat, wird oft das andere erst hörbar. Aber Ruhe ist nie in der Truhe. Schon aus diesem Grund kann ein Bauchmensch nie endgültig befriedigt sein, von Glück gar nicht zu reden. Irgendein Bedürfnis wird immer unbefriedigt bleiben. Der Bauch ist voll mit unendlich vielen Bedürfnissen, die wie Unkraut immer wieder nachwachsen. Die Interessenskonflikte zwischen mehreren Bauchgefühlen lassen sich auf der Ebene des Bauches nicht lösen. Ohne eine höhere Instanz würde der jeweils stärkere Trieb oder Impuls gewinnen, genau wie Freud den Menschen konzipiert hat. Das ändert sich aber stündlich. Das sieht man besonders deutlich bei der *affektiv instabilen Persönlichkeitsstörung*, die bei Menschen auftritt, die ihre Gefühle gar nicht im Griff haben und so von heftigen Gefühlsschwankungen und schnell wechselnden Beziehungen hin und her gebeutelt werden.

Der Bauch überschätzt sich gerne. Schnell fühlt sich etwas bei ihm momentan »wahr« oder »gut« an, ohne es zu sein. Das hat wahrscheinlich phylogenetische Gründe: Tiere sind reiner Bauch, sie haben nur diese eine Instanz. Sie haben keine reflexive Vernunft, um ihre Gefühle aus der Metaebene kritisch zu betrachten, und damit keine Freiheit. Deswegen leben Tiere notwendigerweise aus dem Bauch heraus, intuitiv, triebhaft, unfrei, amoralisch. Es gibt keine bösen Tiere, aber auch keine moralisch guten. Es gibt nur gut und schlecht konditionierte Tiere, je nachdem, wie der Bauch von außen geprägt wurde. Menschen hingegen haben als einzige Säugetiere die Möglichkeit, ihre Bauchgefühle kritisch zu hinterfragen und entgegen den Impulsen des Bauches zu handeln, wenn sie es für nötig erachten.

Zum Glück ist der Mensch keine bauchgesteuerte Maschine, sonst wäre ein Psychiater so etwas wie ein Mechaniker, der nur lockere Schrauben anzieht. Wir Menschen sind komplexer gebaut und tragen zwei weitere Instanzen in uns, um den Bauch zu ergänzen, ihn an seinen Platz zu weisen und richtig zu nutzen.

Die Veredelung des Bauches durch Kopf und Herz

Bis jetzt wurde viel über den Bauch geschrieben, weil er das bestimmende Thema dieses Buches ist. Er scheint eine Autorität der modernen Konsumgesellschaft: Deren Mitglieder handeln oftmals aus dem Bauch heraus. Ob in der Liebe, in der Wirtschaft, in der Politik – Entscheidungen werden vielfach aus dem Bauch heraus getroffen. Und es handelt sich dabei nicht um die oben erwähnten intuitiven Entscheidungen, die auf Erfahrung basieren.

Es sind Entscheidungen einer Gesellschaft, die oftmals Freiheit mit Egoismus, Transzendenz mit narzisstischer Selbstgerechtigkeit und Liebe mit Begierde verwechselt. Auch in unserer Streitkultur macht sich der Bauch zunehmend bemerkbar. Die folgenden Kapitel sollen die verschiedenen Lebensbereiche, in denen uns der Bauch übervorteilen kann, genauer beleuchten und Antworten geben, wie mit unseren Bauchgefühlen umgegangen werden kann. Bevor wir allerdings dahin kommen, müssen wir einen kurzen Sprung machen, und zwar zweitausendvierhundert Jahre zurück.

Die Idee, das Seelenleben des Menschen in mehrere Instanzen zu teilen, ist so alt wie das Nachdenken über den Menschen selbst. Verschiedene Wesen toben in der menschlichen Brust, zu diesem Schluss sind bereits die alten Griechen gekommen. So schreibt Platon, der erste Philosoph, der uns ein umfassendes und systematisches Werk hinterlassen hat, in seinem Hauptwerk, der *Politeia,* über die verschiedenen Seelenzustände des Menschen. Er postuliert darin, dass im Menschen drei Wesen leben: ein vielköpfiges Ungeheuer, ein Löwe und ein Engel in Menschengestalt (wobei für Platon »Engel« natürlich noch nicht dasselbe bedeutete wie für die christliche Tradition). Diese drei Wesen repräsentieren die drei Teile der Seele: die Begierde (*epithymētikón*), den Mut (*thymoeidés*) und die Vernunft (*logistikón*).

Die Begierde kommt dem Konzept des Bauches nahe: Sie will den Reizen der Umwelt nachgeben, Lust maximieren und Schmerz vermeiden. Die Vernunft betrachtet die Welt rational, analysiert die Handlungen und Gedanken eines Menschen und fällt ein Urteil. Der Mut schließlich hilft dem Menschen, Schlachten zu schlagen oder seine Meinungen zu vertreten. Meinungen, die er vorher mit der Vernunft erarbeitet hat.

In der metaphorischen Sprache der Organe wird der Bauch, also die Bedürfnisse und Begierden, idealerweise vom Kopf – platonisch logistikón – geprüft und in Frage gestellt. Wenn der Mut – der Wille – diese Prüfung des Kopfes will und zulässt. Und hier verlässt das neue Bauch-Kopf-Herz-Konzept das Freud'sche Modell. Denn der Kopf, die Vernunft oder logistikón ist ein völlig anderes Vermögen als das Über-Ich. Die Vernunft kann kritisch prüfen und logisch denken. Das Freud'sche Über-Ich hingegen ist ein passiver Befehlsempfänger der Forderungen der Gesellschaft und hat keine Möglichkeit, zum Gehörten und Aufgenommenen kritische Distanz einzunehmen.

Die beiden Instanzen Bauch und Kopf liegen oft miteinander im Streit. Das liegt in der Natur der Sache: Beide haben ganz unterschiedliche Blickwinkel auf einen Sachverhalt. Die Vernunft erlaubt einen rationalen, nüchternen, analytischen Blick auf die Gegebenheiten. Sie denkt langfristig, beurteilt nach Nützlichkeit, plant vorausschauend. Mit ihr können wir argumentieren. Mit Empathie hat sie allerdings nicht viel zu tun. Der Bauch hingegen argumentiert nicht, er fordert: Das will ich, und zwar sofort. Er denkt nicht an das Morgen. Deswegen verstehen sich diese beiden Instanzen nicht besonders gut. Wenn ein Mann in einer Bar etwa eine schöne Frau sieht und ihr Avancen machen möchte, sagt der Bauch: »Das kann die Nacht deines Lebens sein! Geh hin, sprich sie an, tu alles, um sie zu verführen!« Der Kopf jedoch fährt dazwischen. Er denkt an die langfristigen Konsequenzen: »Hör mal«, mischt er sich ein, »du hast eine Frau und zwei Kinder. Ist es dir wert, das zu verlieren, nur für eine lustvolle Nacht?«

Die Nachteile von bauchgetriebenen Menschen haben wir bereits zur Genüge erörtert. Doch auch eine unausgeglichene Kopflastigkeit führt zu Problemen. Solche Menschen sind oft kalt, abweisend und berechnend, haben Probleme, sich zu öffnen oder Gefühle zuzulassen. Sie tun sich schwer mit Menschen, finden oft keinen Partner und sind in der Kinderbetreuung eine Katastrophe.

Die dritte Instanz fehlt uns noch. Schon bei Platon hängen *thymoeidés* und *logistikón* – also Mut und Vernunft – eng zusammen. Der Mut braucht die Orientierung der Vernunft, die Vernunft benötigt Mut, um sich zur Erkenntnis durchzuringen. Unvernünftiger Mut kann gefährlich, ja sogar toxisch sein: So kann sich ein unbesonnener Mensch in aussichtslose Kämpfe werfen oder starrsinnig auf seiner Meinung beharren, ohne einen Irrtum zuzugeben. Aber eine mutlose Vernunft bringt es auch nicht weit: Die Wahrheit erkennt nur der, der das wirklich – trotz aller Schwierigkeiten – will. Die Mitläufer der totalitären Regime des letzten Jahrhunderts haben viele Missstände ihrer Zeit nicht erkannt – weil sie diese nicht erkennen wollten.

Für uns heißt das: Da der Mensch – im Gegensatz zum Tier – vernunftbegabt ist, kann er seine Bauchgefühle kritisch hinterfragen. *Epithymētikón* (die Begierde) ist nicht mehr der Alleinherrscher. Und genau diese zweite Instanz des Kopfes – im Kontrast zur ersten Instanz Bauch – ermöglicht und aktiviert das Herz, die dritte Instanz. Denn erst mit Aufkommen der zweiten Instanz ist eine Wahlfreiheit geschaffen zwischen den Bedürfnissen des Bauches und der Analyse des Kopfes. Diese Freiheit ist die dritte Instanz, das Herz, die Entscheidungsmitte des Menschen. Folgerichtig ist das Herz ohne Kopf hilflos und unfrei an den Bauch gefesselt. Ein kopfloses Herz ist unbrauchbar. Erst die Reflexionen des Kopfes sind für das Herz der Garant der Freiheit, weil der Kopf den Bauch relativieren kann. Das ist (nach Hegel) wie These und Antithese, die in der Synthese aufgelöst werden.

Das freie Herz als dritte Instanz ist der essenzielle Unterschied zum Freud'schen Modell. Das Ich bei Freud ist schwach, unfrei und willenlos, weder gut noch schlecht, völlig harmlos und laviert sich irgendwie durch nach dem Prinzip des geringsten Widerstandes. Doch das ist falsch: Der Mensch ist innerlich frei! Und das im Herzen. Ist das Herz stark und entscheidungsfreudig, besitzt der Mensch einen starken Charakter.

Ein schwaches Herz allerdings lässt den Kopf schweigen. Dann kann der Bauch wüten – wenn auch mit schlechtem Gewissen. Ein verstocktes Herz – noch schlimmer – befiehlt der Vernunft, eine kognitive Rechtfertigung zu konstruieren, mit der das Bedürfnis befriedigt werden kann. Das unwillige Herz kann so den Kopf korrumpieren. Das klingt dann oft an den Haaren herbeigezogen – weil es an den Haaren herbeigezogen ist. Etwa: »Meine Frau ist schuld, dass ich sie betrüge, weil sie nicht immer nett zu mir war. Außerdem brauche ich Sex und davon gibt sie mir zu wenig.« Oder: »Diese Bank kann man ausrauben, weil sie selbst ihre Kunden mit Wucherzinsen beraubt.« Karl Marx nennt das *»intellektuellen Überbau«*: Im Nachhinein wird von der Vernunft eine Rechtfertigung für eine Handlung konstruiert, die ohne Konsultation der Vernunft entschieden wurde. Ehebruch und Steuerhinterziehung sind dafür blendende Beispiele. Sie können sich kaum vorstellen, welche phantasievollen Begründungen und Ausreden ein Psychiater im Laufe seines Lebens zu hören bekommt …

Was uns ausmacht: die Werte unseres Herzens

Und jetzt dringen wir ganz tief in den Wesenskern des Menschen ein. In unserem Herzen findet sich ein unermesslicher Schatz: unsere persönlichen Werte. Sie orientieren unser Verhalten. Im besten Fall lenken sie uns zum Guten. Sie sind ein moralischer Kompass für unsere Taten. Werte sind Idealvorstellungen von guten und erstrebenswerten Eigenschaften, die uns Menschen als Richtschnur für unser Handeln zur Verfügung stehen. Sie werden anfangs in der Erziehung vermittelt, schlussendlich wählt man sie bewusst oder viel öfter unbewusst selbst. Oder man lehnt sie ab. Jeder hat fürs Erste seine eigenen, urpersönlichen Werte. Es gibt Menschen, für die Sparsamkeit, Sauberkeit und Selbstdisziplin die höchsten Werte darstellen, andere wählen vielleicht Bescheidenheit, Gerechtigkeit und Freundlichkeit. Die deutsche Values Academy listet auf ihrer Homepage über hundert verschiedene Werte auf, die in siebzehn Wertesysteme klassifiziert sind.

Unsere Werte bedeuten allerdings keineswegs, dass wir uns auch tatsächlich daran halten. Man kann Fleiß für einen Wert halten – aber trotzdem faul sein. Wenn Fleiß aber wirklich ein persönlicher Wert in unserem Herzen ist, dann wird sich unsere Faulheit an unserem Gewissen reiben – und Schuldgefühle sind die Folge. Das motiviert immerhin, fleißiger zu werden. Das Gewissen ist nämlich die Funktion der dritten Instanz, die unsere Handlungen mit unseren Werten vergleicht – und notfalls Alarm schlägt.

Man kann sehr viele Werte im Herzen tragen oder bedrückend wenige. Die meisten von uns sind irgendwo dazwischen angesiedelt. Man kann zentrale Werte wählen (etwa Klugheit, Gerechtigkeit, Tapferkeit, Dankbarkeit) oder eher periphere (so wie Ansehen, Spaß, Selbstvertrauen), herausfordernde oder solche, die uns sehr leichtfallen. Inneres Wachstum entsteht, wenn wir einen Wert entdecken, den wir noch nicht in unser Handlungsrepertoire integriert haben, der uns neu ist und bei dem wir uns nach der Decke strecken, uns ändern müssen. Unsere persönliche, individuelle Wertesammlung hat oft eine Schlagseite, einen blinden Fleck, und deckt damit manche Dinge des menschlichen Zusammenlebens nicht ab. Wem etwa Sparsamkeit der allerhöchste Wert ist, dem werden Großzügigkeit und Altruismus vermutlich schwerfallen. Vielleicht haben sogar manche Mafiosi gewisse Werte (die meisten haben sicherlich keine!), aber essenzielle, zentrale Werte fehlen jedenfalls völlig. Menschen, die beständig schlechte Entscheidungen treffen, leben entweder in Unordnung (weil ihnen die Prioritäten der Werte durcheinandergekommen sind), im Irrtum (weil ihnen wichtige Werte fehlen) oder sind dem Laster verfallen (weil sie ihre Werte so lang ignoriert haben, bis diese verblasst sind).

Gerade heute kommt es gesamtgesellschaftlich zunehmend zu einer Werteverschiebung, die gefährliche schwarze Werte-Löcher hinterlässt. So wird von manchen Menschen fleischlose Ernährung als höchster Wert proklamiert – eheliche Treue hingegen fällt gleichzeitig unter den Tisch. Deswegen ist es unumgänglich, seine Werte zu objektivieren und zu vervollständigen. Das gelingt, wenn wir beständig auf der Suche bleiben nach dem Wahren, Guten und Schönen. In der klassischen Philosophie spricht man in diesem Zusammenhang von einem *»gebildeten Gewissen«*. Das Gewissen ist kein Bauchgefühl: In den Werten unseres Herzens finden wir die Person, die wir sein wollen. An unseren Handlungen kann man messen, ob wir auch wirklich so sind. An Werten orientieren wir, wenn wir bereit sind, an uns zu arbeiten, unsere Handlungen und Überzeugungen. Schlechte Werte per se gibt es nicht, denn das Böse ist nach Augustinus ein *»privativum«*, substanzlos, es hat kein eigenes Sein, sondern ist nur ein *Mangel an Gutem*.

Das Herz ist innerlich frei in doppelter Hinsicht. Einerseits kann es seine Werte selbst wählen – hoffentlich auf das Gute hin (dazu kommen wir weiter unten). Dabei bleibt beim Menschen immer eine Lücke. Und andererseits kann das Herz sich in seinen Handlungen – entsprechend seinen Werten – für das Gute oder dagegen entscheiden. Also für das Gute oder für das Böse, und damit füllt sich das Herz dann auch mit der Zeit. Das Herz prägt sich also selbst durch eine doppelte Wahl: die freie Wahl der Werte und die freie Wahl der Handlungen. Man kann daher auf Dauer nicht Böses tun und dabei ein gutes Herz behalten. Die klassische Philosophie sagt: *»Bonitas hominis est per voluntatem«*. Jemand ist gut, weil er »guten Willens« ist, weil er das Gute will und es auch tut. Dann hat er ein gutes Herz.

Das heißt natürlich auch, dass er böswillig sein und ein böses Herz haben könnte. Nehmen wir der Einfachheit halber den Mafioso von vorhin. Seine wiederholten bösen Taten – etwa Auftragsmorde, Geldwäsche, Mädchenhandel – lösen eine Dissonanz mit den grundlegenden Werten seines Herzens aus. Daraus folgt (hoffentlich!) entweder eine Verhaltensänderung oder eine Verdrängung der Werte ins Unbewusste. Im ersten Fall wird durch eine Herzensreue eine Aversion gegen das begangene Böse erreicht. Im zweiten Fall leert sich das Herz bis zu dem Punkt, wo es ganz leer und ohne Werte – wertlos – ist. Dann fällt auch das schlechte Gewissen weg. So können wir Menschen uns auch an das Schlechteste gewöhnen.

Deswegen müssen wir ein Leben lang danach trachten, unser Herz mit dem Guten erhellen und füllen zu lassen – indem wir unseren Wertekatalog einerseits vervollständigen und andererseits richtig gewichten. Die Gewichtung ist bedeutsam: Wenn Pünktlichkeit in der Hierarchie der Werte ganz oben zu stehen kommt, dann stimmt etwas nicht mit dieser Werteordnung.

Die alten Ägypter hatten ein schönes Bild für das ausgewogene, auf das Gute gerichtete Herz. Nachdem ein Mensch gestorben ist, betritt er ihrer Vorstellung zufolge das Totengericht, in dem sein Herz als Gefäß seiner Seele auf einer Waage gegen eine Feder gewogen wird. Ist das Herz schwerer als die Feder, hat der Mensch im Laufe seines Lebens Sünden auf sich geladen. Ihm wird dann der Eintritt in das Jenseits verwehrt. Halten sich Herz und Feder dagegen die Waage, ist der Verstorbene mit sich selbst im Reinen. Dann ist er willkommen. Das Herz spielt in allen großen Kulturen und Religionen eine entscheidende Rolle. Am Ende unseres Lebens genügt ein Blick in unser Herz, um zu sagen, was für ein Mensch wir waren.

Alle unsere Handlungen kommen aus dem Herzen. Deswegen lassen unsere Handlungen Schlüsse auf unser innerstes Wesen, unser Herz, zu. Wir sind, was wir tun. Eine verheiratete Patientin sprach kürzlich, als sie weinend von einer jahrelangen Affäre berichtete, den verzweifelten Satz: »Eigentlich bin ich nicht so.« Die schmerzhafte Wahrheit ist: Doch, das ist sie schon. Denn wir sind, was wir tun. Aber sie will immerhin so nicht sein, und das ist schon der Anfang vom Ende dieser Affäre. Reue ist die Abscheu vor den eigenen Taten. Wer immer wieder lügt, ist ein Lügner, auch wenn er sich selbst ganz anders sieht. Die meisten Lügner sehen sich übrigens nicht als solche, weil sie nicht nur andere, sondern auch sich selbst belügen. Da gibt's dann auch nichts zu bereuen und keinen Grund, sich zu ändern.

Die gute Nachricht ist: Wir können uns immer ändern, wenn wir es wollen. Immer. Zuerst müssen wir jedoch Werte erkennen und bewusst wählen, und dann danach handeln. Wie die klassische Philosophie es so schön ausdrückt: *»primum in intentione et ultimum in executione«*.

Eine der wichtigsten Fragen in unserem Leben lautet: Wie findet man die richtigen Werte? Wie erkennt man das Gute? Nun, wir erkennen es zuallererst mit dem Kopf in Form einer intuitiven Spontanerkenntnis. Die Philosophie nennt das *»synderesis«*: Der Kopf sieht spontan das offensichtlich Gute, das Evidente, das, was auf der Hand liegt. Sofort – fast gleichzeitig – schaltet sich das Herz ein, das entweder diese Erkenntnis krampfhaft verhindern, unterdrücken und verdrängen will – oder eben zulässt. Da ist die innere Haltung des Herzens vorab entscheidend: Will ich ein guter Mensch werden – oder will ich nur so scheinen, ohne etwas verändern zu müssen?

Im ersten Fall ist diese Erkenntnis wie ausgelöscht, in die tiefsten Tiefen verdrängt, weil das narzisstische Herz widerstrebende Eigeninteressen hat, etwa eine bestehende Affäre oder eine permanente Steuerhinterziehung, die man nicht aufgeben will. Sehr häufig sucht das verstockte Herz sich dann Pseudowerte als Selbstrechtfertigung oder sogar Selbstbeweihräucherung. Das war immer schon das Wesen der Pharisäer und Heuchler. Diese Pseudowerte sind vorgeschoben, immer nach dem eigenen Geschmack und bedürfen keiner schmerzhaften Arbeit am eigenen Charakter. Meist werden sie eher willkürlich aus der Gruppe der peripheren Werte ausgewählt. »Pseudo« deswegen, weil sie nicht um ihrer selbst willen gewählt wurden, sondern als Mimikry, als Bluff, als Ablenkungsmanöver, um vor anderen gut dazustehen. Das Gute ist dabei nicht dynamisch das erstrebenswerte Gut außerhalb seiner selbst, dem der Mensch ein Leben lang zustrebt – sondern die Person selbst definiert sich so: statisch. Der Referenzpunkt des Wertesystems wurde von ihr einverleibt. Ein solcher narzisstischer Gutmensch verliert sich häufig in Selbstgerechtigkeit und Heuchelei.

Im zweiten Fall – wenn das Herz das offensichtlich Gute anerkennt – wird vom Herzen diese Erkenntnis als Wert verinnerlicht und schmerzhaft in die Tat umgesetzt, indem das Gute getan und das Böse unterlassen wird, auch wenn das Unlust bereitet. Diese ersten evidenten Prinzipien des Zusammenlebens, die jedem gesunden Menschen intuitiv einleuchten, sind Werte, die in unser Herz geschrieben sind. Die primäre Intuition des Guten ist deswegen eine Art Wiedererkennen des Herzens. Die klassische Philosophie nennt diese grundlegenden inneren Herzensprinzipien das *»natürliche Sittengesetz«*. Die jüdische Hochkultur hat daraus vor etwa 2500 Jahren die zehn Gebote formuliert.

Die Hinwendung zum Guten ist demnach die Wiederentdeckung und Selbstverwirklichung des Herzens: Der Mensch erkennt in seinem Herzen – mithilfe des Kopfes – intuitiv eine Anleitung zum gelungenen Leben und handelt danach.

Das Ziel des Herzens: das Schöne, das Wahre und das Gute

Eine weitere platonische Analogie hilft, den Zusammenhang zwischen Bauch, Herz und Kopf zu begreifen. Platons Ideenlehre zufolge verstehen wir die Bedeutung eines Phänomens, wenn wir die Idee dahinter erkennen. Das gilt für Objekte wie Tische oder Bücher genauso wie für abstrakte Begriffe wie Gerechtigkeit oder Wahrheit. Im platonischen Ideenhimmel gibt es *die* eine Gerechtigkeit und *die* eine Wahrheit. Und jede Wahrheit und jede gerechte Handlung in unserer Welt hat Anteil an diesen Ur-Ideen.

Mit dieser Theorie beugt Platon einem gefährlichen Relativismus vor, wie er auch von der Postmoderne und dem Fake-News-Zeitalter propagiert wird. Diesem Relativismus zufolge gibt es keine Wahrheit mehr, sondern bloß noch Meinungen, die unterschiedlich laut hinausgebrüllt werden: »deine Wahrheit, meine Wahrheit ...« bis hin zu den »alternativen Wahrheiten«. Es gibt dann auch keine guten und gerechten Werte mehr, sondern nur noch subjektive Empfindlichkeiten. Böse ist nur mehr, was subjektive Empfindlichkeiten stört und verletzt. Dadurch ist der gut, der lauter brüllt. Man könnte das *moralischen Sozialdarwinismus* nennen. Der führt dazu, dass sich Menschen zunehmend orientierungslos und einsam fühlen. Jeder sehnt sich danach, zu wissen, was wirklich richtig und falsch, was wahrhaft gut und schlecht ist: das, was bleibt. Und das fernab von momentanen *woken* Modeströmungen, bei denen der Wind der Meinungsmacher wöchentlich dreht. Man kann dagegen sagen, dass das Streben nach dem Absoluten uns erst zu selbstbestimmten Wesen macht. Eine Welt, die ihnen vermittelt, dass es kein richtig und falsch, kein gut und schlecht gibt, sondern alles eine Frage der Perspektive ist, wird sie damit zwangsweise unglücklich machen.

Platon umgeht diesen Relativismus mit seiner Konzeption von Ur-Ideen, von Wahrheiten, die sich hinter den Dingen verbergen, und die wir erkennen können, wenn wir nur lange genug nachdenken. Sein Grundgedanke ist dabei einfach: Wer sich lange mit der Gerechtigkeit beschäftigt, wird lernen zu erkennen, welche Dinge gut und gerecht und welche schlecht und unmoralisch sind. Wissenschaftler, die sich unvoreingenommen und unbestechlich mit Fakten beschäftigen, werden im Stande sein, die Wahrheit zu erkennen. Das ist die bereits besprochene intuitive Spontanerkenntnis, die *»synderesis«*.

Dabei ist es auch Platon bewusst, dass nie jemand in den alleinigen Besitz der Wahrheit oder der Gerechtigkeit, also der Ur-Ideen, kommen wird. Doch manche Menschen haben ein besseres Verständnis von ihnen als andere: jene, denen es um Wahrheit und Gerechtigkeit geht, und nicht darum, immer recht zu behalten oder von anderen als gute Menschen bewundert zu werden. Menschen, die sich in den Dienst jener Sache stellen, die sie erkennen wollen, und die diese Sache nicht für ihre eigenen Zwecke missbrauchen.

Drei dieser Ur-Ideen sind für Platon das Schöne (*pulchrum*), das Wahre (*verum*) und das Gute (*bonum*).* Sie sind in sich absolut, zeitlos und objektiv, frei von der Befindlichkeit weltlicher Geschöpfe. In der Philosophie werden sie auch Transzendentalien genannt, ausgehend vom lateinischen Wort *»transcendere«*, was so viel wie »übersteigen« bedeutet.** Die Transzendentalien sind untereinander austauschbar: Was wahr ist, ist also auch gut und schön, und umgekehrt. Bei Aristoteles hat das bonum vor allen anderen Ideen den Vorzug. Alles strebe natürlicherweise danach, so der große Philosoph. Wer seine persönlichen Werte an diesen Transzendentalien ausrichtet, ist gut beraten. Die moderne Psychologie spricht von der *»Selbsttranszendenz«*. Davon wird etwas später noch ausführlich die Rede sein.

Der Bauch strebt nach dem Schönen. Er spürt instinktiv die Harmonie der Schönheit und lässt uns danach verlangen. Aber wie der Wein- oder Kunstgeschmack will auch diese Fähigkeit des Bauches kultiviert werden. Der Kopf, sofern er vom Herzen richtig geleitet wird, sucht das Wahre. Er möchte wissen, wie sich die Dinge wirklich verhalten. Er kann durch Desinformation verwirrt oder durch Information trainiert werden. Das Herz sucht das Gute. Mit seinem Pochen gibt es uns zu verstehen, ob unsere Entscheidungen gerecht sind. Doch auch die dritte Instanz braucht Formung von außen: die Herzensbildung.

* Philosophen verwenden im Deutschen lieber die Wörter »Schönheit«, »Wahrheit« und »Gutheit«, aber das soll uns nicht weiter stören.

** Einige andere Transzendentalien wurden im Laufe der Jahrhunderte postuliert, so etwa unum – das Eine; ens – das Seiende; und einige mehr.

Das gebildete Herz ist eine Richtschnur. In ihm sind die Werte des Menschen richtig geordnet und hierarchisiert. Es hat keine groben blinden Flecken mehr, die bewirken, dass man *»die Mücken siebt und ein Kamel verschluckt«*, das klassische Wesensmerkmal der Heuchler. Das gebildete Herz bringt uns sicher hinab von den Gipfeln des Verstandes und erlaubt uns, über die Schlucht der Begierden zu wandeln.

Als Entscheidungsmitte des Menschen kann das Herz sich für den Weg zu den drei Transzendentalien, dem Wahren, Guten und Schönen, entscheiden – oder dagegen. Wenn ja, dann sammelt das Herz in sich im Laufe des Lebens immer mehr Werte, die auf die Transzendentalien hin geordnet sind. Entscheidet das Herz sich dagegen, wählt es damit indirekt die Lüge, das Böse und das Hässliche. Denn das Böse ist bekanntlich das Fehlen des Guten, ein Defizit, ein *privativum*, nicht mehr. Dann verlöschen die verbleibenden Werte im Herzen.

Der Aufstieg zu den Transzendentalien macht zuerst einmal Mühe, weil wir zahlreiche Bauchgefühle überwinden müssen. Nicht alle, denn manche Bauchgefühle erleichtern den Weg zum Wahren, Guten und Schönen, viele jedoch sind diesem Ziel entgegengestellt. Diese gilt es zu überwinden. Später wird der anfangs mühsame Weg leicht und macht uns frei, erfüllt und glücklich.

Wir werden zum Herzen in den letzten Kapiteln zurückkehren, wenn wir uns mit Freiheit und Selbsttranszendenz beschäftigen, denn diese sind nur mit dem Herzen zu erlangen. Zunächst jedoch wollen wir noch einen Blick darauf werfen, wie wir die Bauchgefühle, die uns so verlockend einflüstern, prägen, formen und kultivieren können. Es ist der erste Schritt weg vom Bauch und hin zum Herzen.

Die Selbstprägung des Bauches

Wenn wir durch die Ausrichtung auf das Wahre, Schöne und Gute die richtigen Werte im Herzen tragen, wie können wir diese auch verwirklichen? Die griechische Philosophie gibt uns die Antwort: durch die Tugenden. Tugend ist vereinfacht gesprochen eine gute Gewohnheit, eine verinnerlichte Haltung, die gute Handlungen zur Folge hat. Die Leichtigkeit im Tun des Guten.

Schon für Platon kann ein geglücktes Leben nur durch das harmonische Zusammenwirken der *»vier Kardinaltugenden«* erreicht werden: Klugheit, Gerechtigkeit, Tapferkeit und Maß. Für den typischen Philosophen steht natürlich die Klugheit an erster Stelle. Erst wenn man nach reiflicher Überlegung erkannt hat, was gerecht ist, kann man dann tatsächlich maßvoll und tapfer auch das Gute tun.

Eine besondere Bedeutung erhält die Tugend bei Platons Schüler Aristoteles, weswegen seine Moraltheorie auch Tugendethik genannt wird. Für ihn ist das geglückte Leben das tugendhafte Leben: Es macht frei und glücklich.

Aristoteles entwickelt die Theorie des richtigen Maßes, auch Mesotes-Lehre genannt (*mesotes* bedeutet auf Altgriechisch Maß). Dafür untersucht Aristoteles zahlreiche verschiedene Tugenden. Dabei identifiziert er Gegensatzpaare, die uns in ihren Extremen nicht gut tun. Eines dieser Gegensatzpaare bilden etwa Tollkühnheit und Feigheit. Der feige Mensch schreckt vor jedem Kampf zurück und vertritt seine eigene Meinung nicht. Somit wird er immer stumm bleiben und nie zu dem kommen, was er eigentlich will. Der Tollkühne wiederum scheut keinen Konflikt, selbst wenn er nicht zu gewinnen ist, und schadet sich so selbst. Die Mitte zwischen diesen beiden Extremen gilt es zu suchen. Das ist für Aristoteles die Tugend. In dem Fall liegt sie in der Tapferkeit: Die richtigen Kämpfe zu erkennen, nämlich jene, in denen Wichtiges und Essenzielles auf dem Spiel stehen, und dann mutig genug zu sein, um sie auszutragen.

Ein anderes Paar bilden die Wollust und die Stumpfheit. Weder das hedonistische Ausleben jedes Reizes (affirmativer Bauchmensch) macht uns glücklich noch das Zurückschrecken vor jeder Lust (aversiver Bauchmensch).

Die Selbstbeherrschung oder Mäßigung erlaubt uns hingegen, gewissen Reizen im Einklang mit unseren eigenen Werten nachzugehen.

Auch die Großzügigkeit ist ein mittlerer Wert, und zwar liegt sie zwischen Geiz und Verschwendungssucht. Jedem so viel zu geben, wie ich geben kann und wie der andere tatsächlich braucht, wird mich und auch andere auf lange Sicht glücklich machen.

Die Tugendlehre der griechischen Antike hilft uns zu verstehen, wie wir unseren Bauch nach den Idealen unseres Herzens – unseren Werten – prägen können. Sie ermöglichen uns, unsere Bauchgefühle zu kultivieren und auf das Wahre, Gute und Schöne auszurichten. Letztlich machen sie uns innerlich frei.

Im Gegensatz zu unseren Werten sind Tugenden feste, verinnerlichte Haltungen, die uns eine spielerische Leichtigkeit bei guten Handlungen verleihen. Mit ihnen fällt es uns leicht, Gutes zu tun, und es fällt uns schwer, Schlechtes zu tun. Tugenden sind realisierte Werte. In Fleisch und Blut übergegangen.

Werte hingegen sind geistige Ideale, Ideen, Vorstellungen, die nicht notwendigerweise unser Handeln prägen. Sie sind eine Orientierung, eine Richtschnur, ein Kompass, die oder den man auch fehldeuten, umdeuten, ignorieren oder verdrängen kann. Man kann gegen seine eigenen Werte leben, nicht aber gegen seine Tugenden. Jemand kann also zum Beispiel Aufrichtigkeit schätzen, aber trotzdem beständig lügen. Manchmal mit schlechtem Gewissen, meistens mit Selbstbetrug. Jedenfalls ist die Aufrichtigkeit ein wirklicher persönlicher Wert dieses Menschen, aber keine Tugend. Der Mensch hingegen, der die Aufrichtigkeit als Tugend erworben hat, empfindet gegenüber der Lüge eine so starke Aversion, dass sie für ihn überhaupt nicht infrage kommt. Sie ist keine Denkvariante, keine Alternative. Keine zehn Pferde können ihn zum Lügen zwingen.

Tugenden sind die Folge der Durchsetzungskraft des Herzens. Und das ist notwendig: weil es auf dem Weg zum Wahren, Guten und Schönen so manche Lust zu meiden und so manche Unlust in Kauf zu nehmen gilt. Der Weg zu der Lüge, dem Bösen und Hässlichen hingegen ist anfangs bequem – *»der breite Weg, der ins Verderben führt«*. Doch bald führt er in immer größere Unfreiheit und Selbstgefangenschaft. Während die Tugenden frei machen, machen die Laster abhängig und unfrei.

Die Klugheit gilt als die bestimmende Eigenschaft, *»auriga virtutum"*, die Lenkerin aller anderen Tugenden. Sie sortiert die Werte nach Wichtigkeit. Unordnung in der Wertehierarchie hat weitreichende Folgen für die Entscheidungsfindung im Alltag. Die Klugheit wählt die (richtigen) Werte aus, prüft und priorisiert sie. Dadurch gibt sie die Richtung vor. Sie versteht es, die anderen drei Kardinaltugenden und die Vielzahl der anderen Tugenden richtig einzusetzen. Sie lehrt uns, die ewigen Streitparteien Bauch und Kopf richtig abzuwägen und einzuschätzen. In welchen Situationen ist es angebracht, impulsiven Gefühlen oder unerklärlichen Empfindungen nachzugeben? Und wann muss ich auf die klare und nüchterne Stimme des Kopfes hören? Die Klugheit hilft uns, die Balance zu halten.

Die Gerechtigkeit hilft uns, jedem das Seine zu geben und damit unsere Beziehungen zu stabilisieren. Auf einen Gerechten ist Verlass. Er ist ein wichtiges Mitglied der Gesellschaft. Die Gerechtigkeit dosiert und bremst den ureigenen Egoismus, den jeder im Herzen – und im Bauch – trägt. Die Tapferkeit wiederum überwindet die aversiven Gefühle der Unlustvermeidung – vor allem die Angst. Sie lässt uns Entscheidungen entsprechend unseren klug gewählten Werten trotz aller Hindernisse in die Tat umsetzen. Das Maß hingegen bremst die ungeordnete Tendenz des Bauches zur Lustmaximierung und vermeidet damit unser Abgleiten in Sucht und Abhängigkeit.

Tugenden sind keine genetisch determinierten Eigenschaften, sondern sie sind von jedermann erlernbar. Man erwirbt sie durch beständiges Einüben, nachdem man ihre Wichtigkeit erkannt hat. Zuerst kommt also die Erkenntnis. Dann die Verinnerlichung in Form von Werten – durch den Entschluss des Herzens. Daraus folgen Handlungen, die oft die Impulse und Bedürfnisse des Bauches gegen den Strich bürsten. Und beständiges Bürsten gegen den Strich verändert das Bauchgefühl. So lässt sich der Bauch kultivieren und prägen.

Alle spontan aufkommenden Bauchgefühle werden beim tugendhaften Menschen sofort geprüft: Ist es klug, nach diesem konkreten Impuls zu handeln? Ist es gerecht oder schade ich womöglich mir selbst und anderen? Und wenn es klug und gerecht ist, wie bringe ich genug Mut auf, um ihm zu folgen?

Was ist das richtige Maß zwischen zu viel und zu wenig?

Erst durch das Verinnerlichen der Tugenden und ihren wiederholten Einsatz kann der Bauch den Platz im menschlichen

Seelenleben einnehmen, der ihm zugedacht ist. Er fügt sich so harmonisch in das Terzett mit Kopf und Herz ein, statt ständig querzutreiben und quälende Dissonanzen zu verursachen. Wie alles im Leben ist auch moralisches Handeln eine Übungssache. Der Klavierspieler wird besser, wenn er viel Klavier spielt. Der Mensch wird gut, wenn er viele gute Handlungen setzt.

Aristoteles nennt diese erworbene Handlungsfähigkeit *Habitus,* was man mit Haltung übersetzen könnte. Die konstante Hinwendung zum Guten nennt er Tugend, die zum Bösen das Laster. Er unterscheidet weiters zwischen Haltung und Zustand. In einen Zustand können wir spontan verfallen, Zustände können sich innerhalb von Sekunden ändern. Doch mein antrainierter Habitus ist stärker als mein Instinkt und lässt mich das Richtige tun, selbst wenn mein Bauch davonlaufen oder lügen möchte.

Fall 1: Der Siebenschläfer

Franz T. ist Student, arbeitet nebenbei als Programmierer von Zuhause und sucht mit einem konkreten Problem den Psychiater auf: Er kommt morgens einfach nicht aus dem Bett.

Sein inneres Kind sagt ihm: Im Bett ist es so angenehm und warm, bleib doch einfach liegen. Und er hat dem nichts entgegenzusetzen. An jedem Vorabend ist er voller guter Vorsätze. Doch egal, wie oft er sich auch am Abend den Wecker stellt, er schaltet ihn in der Früh jedes Mal aus. Und bleibt liegen. Automatisch. Manchmal kommt er zwar aus dem Bett, doch kehrt nach dem Frühstück unter die Decke zurück und schläft weiter.

Es ist, als würde das Bett eine magnetische Anziehungskraft auf ihn ausüben.

Hier offenbart Herr T. seine Schwachstelle: »Ehrlich gesagt: Ich will mein inneres Kind nicht abtöten ... Das kann doch nicht gut sein ...«

»Für mein Sozial- und Berufsleben ist das natürlich schrecklich«, fährt er fort. »Wenn ich es schließlich nach draußen schaffe, fühle ich mich trotzdem nicht ausgeruht und bin ständig müde. Aber wie sehr ich mich auch anstrenge, es fühlt sich einfach so gut an, im Bett zu liegen.« Natürlich ist der unkontrollierbare Schlaf auf lange Sicht nicht so gut, ganz im Gegenteil. Kurzfristige Befriedigung, langfristiger Unbill.

In der Therapie arbeitet Herr T. erst Argumente dafür aus, warum es wichtig und richtig ist, nicht immer dem Bauch (er nennt ihn »inneres Kind«) zu folgen. Der Therapeut bringt also den Kopf – die Vernunft – und das Herz – die Willensentscheidung – mit ins Spiel. Und die beiden können den Bauch überstimmen, auch wenn es sich im Bauch nicht gut anfühlt. Das ist keine Vergewaltigung des eigenen Inneren, das ist Inanspruchnahme der eigenen Freiheit. Natürlich weiß der Patient, dass es nur Nachteile bringt, sein Leben zu verschlafen. Die Tugenden sollen Herrn T. helfen, sein Verhalten zu ändern. Die – bauchunabhängige – Klugheit liefert die Argumente für das Aufstehen. Die – bauchunabhängige – Tapferkeit unterstützt ihn, sein Vorhaben in die Tat umzusetzen. Und das – bauchunabhängige – richtige Maß soll für eine Ausgewogenheit von Schlaf und Wachheit sorgen.

Doch das Wissen um die Tugenden allein hilft nicht. Der Patient muss an seiner Haltung arbeiten. Der Patient beginnt damit, fünf Wecker zu stellen und sie im ganzen Haus zu verteilen. Somit ist er gezwungen, durch die Zimmer zu irren und einen nach dem anderen auszustellen.

Er zwingt sich schmerzhaft selbst: Herz besiegt Bauch. Diese brutale Methode bringt ihn letztlich aus dem Bett und ins Badezimmer, in die Küche und ins Ankleidezimmer. Diese Taktik erreicht das Ziel: Franz T. kommt erstmals zur gewünschten Uhrzeit aus dem Bett. Er ist stolz, aber er fühlt sich auch erschöpft. »Ich kann mir nicht vorstellen, täglich so einen grausamen Kampf zu kämpfen. Mein inneres Kind weint …«, beklagt er.

Das Problem? Das Aufstehen ist nach dem einmaligen heroischen Erfolg noch nicht Habitus geworden.

»Aber wie kann ich diese Haltung erreichen?«, fragt Herr T. den Therapeuten.

»Warten wir ein paar Wochen«, antwortet dieser. »Halten Sie durch! Dann werden wir wieder darüber sprechen.«

Als der Patient nach einigen Wochen in die Praxis kommt, berichtet er: »Zuerst war es wirklich fürchterlich, in der Früh aufzustehen und aus dem Bett zu kommen. Ein tägliches Martyrium. Doch irgendwann kam der Tag, an dem ich fühlte, dass es leichter wird. Und dann ist es täglich ein wenig leichter geworden. Mittlerweile genieße ich es, mehr vom Tag zu haben, von den ersten Sonnenstrahlen geweckt zu werden und mit einem guten Frühstück in den Tag zu starten. Ich fühle mich lebendiger und ausgeschlafener.«

Damit hat sich der Patient die Frage, wie er diese Haltung, diese Tugend, denn je erreichen kann, selbst beantwortet. Durch beständiges Einüben. Das ist anfangs meist anstrengend, mühsam, quälend, erfordert Geduld und eine Entscheidung des Herzens, das den Bauch überstimmt. Dann wird es immer leichter, bis es fast von selbst geht. Das ist der einzige Weg, die eigene Lebensweise wirklich zu ändern.

Fehlen uns die Werte und somit ein Leitfaden für unsere Handlungen, können wir keine Tugenden entwickeln. So wird der Bauch den Menschen bestimmen und ihn zu einem Knecht seiner Triebe machen. Tugend ist die stabile Ausrichtung unseres Kopfes, unseres Herzens und unseres Bauches auf das Wahre, Gute und Schöne. Deswegen gibt es in der Tugend keinen inneren Reibungsverlust, keinen Bürgerkrieg mehr zwischen den drei Großmächten Kopf, Herz und Bauch. Der Mensch ist dann in sich einig, harmonisch, aus einem Guss. In der Idealform der Tugend bereitet das Gute Lust und das Böse Unlust, weswegen es leichtfällt, das Gute zu tun und es einen großen inneren Widerstand gäbe, wenn man zum Schlechten verführt werden sollte.

In der lebenslangen Suche nach dem Guten ist sowohl der Kopf als auch das Herz entscheidend. Der Kopf, denn ohne ihn ist das Herz blind und an den Bauch gefesselt. Das Herz, denn es kann den Kopf lenken: Ich erkenne, was ich erkennen will. Damit das Herz den Kopf nicht in die Irre führt, braucht es die Stabilisierung durch die Gerechtigkeit. Der Kopf hingegen benötigt die Tugend der Klugheit, während der Bauch durch die Tapferkeit (Unlustvermeidung) und das Maß (Lustmaximierung) stabilisiert wird.

Das Gute erkennt man, indem man vom letzten Ziel des Menschen ausgeht, das in seiner Natur begründet ist: Was wäre auf meinem Sterbebett im Rückblick ein gelungenes Leben gewesen? Bei dieser Frage entlarvt sich auch viel Lebensirrtum und Lebenslüge, in deren Gefangenschaft sich viele Menschen begeben haben. Sie wissen nun alles, was Sie an theoretischem Unterbau brauchen.

Die menschliche Psyche lässt sich metaphorisch anhand der drei Instanzen von Kopf, Bauch und Herz erklären. Der Bauch ist

Ort unserer Erfahrungen und unserer Intuition, allerdings auch unserer Triebe und Begierden und den damit verbundenen Gefühlen wie Angst, Hass, Habgier oder Wollust. Der Kopf ist unser Rechenzentrum, er analysiert, kalkuliert, theoretisiert. Das Herz schließlich beherbergt unsere Werte, unser Gewissen, und prägt unseren Bauch durch bedachte oder unbedachte Handlungen.

Dieses Buch ist vor allem dem Bauch gewidmet, da es ein Übermaß an Bauchentscheidungen in unserer Gesellschaft gibt. Viele Menschen sind unglücklich, weil sie die Kontrolle über ihren Bauch verloren haben, ihn mit dem Herzen verwechseln oder einfach nicht wissen, wie mit ihm umzugehen ist. Viele glauben, dass ein Bauchgefühl ihr Schicksal ist, ihre Identität. Aber wie gesagt: Wir sind nicht unsere Gefühle, wir haben welche.

Um mit den Gefühlen richtig umzugehen, benötigen wir zuerst die richtige Auswahl von Werten und danach – in der Umsetzung dieser Werte – die vier Kardinaltugenden: Klugheit, Gerechtigkeit, Tapferkeit und die Kunst des richtigen Maßes. Wir kultivieren und prägen den Bauch durch das beständige Einüben von guten Handlungen. Der Bauch kann also durch das Herz geprägt werden, mithilfe von wiederholten Taten, die in der Überwindung von Unlust und des Meidens von Lust durchaus Überwindung kosten. Das bedeutet, dass das Gute leicht, mühelos und ohne inneres Ringen getan werden kann: »Leichtigkeit im Tun des Guten«.

Der Neurowissenschaftler Joachim Bauer spricht in seinem neuen Buch von *»Selbststeuerung«*. Ein noch besserer Begriff wäre *»Selbstprägung«*: Durch wiederholt gesetzte Handlungen üben wir in unser Bauchgefühl eine Haltung ein, eine gute Gewohnheit, einen Habitus, und prägen so uns selbst. Wir entwickeln die Neigung, das Gute mit Leichtigkeit und ohne inneren Widerstand (des Bauches) zu tun. Wie das Gefühlsleben konkret gelingen kann, soll in den folgenden Kapiteln gezeigt werden. Ganz der Struktur des Bauches folgend werden Gefühle, die Lust maximieren wollen, von jenen unterschieden, die unsere Unlust vermeiden wollen.

Grundlage sind dabei Probleme, denen Menschen in ihrem Lebensalltag oft begegnen. Es geht um Beziehungen und Liebe, um Besitz und Neid, um Angst und Außendarstellung, um Konflikt und Meinungsverschiedenheiten. Was all diese Probleme gemeinsam haben, ist die Tatsache, dass sie aus dem Bauch heraus entstehen. Erst der richtige Umgang mit unseren Bauchgefühlen kann dabei helfen, sie zu lösen, und somit ein befriedigenderes und glücklicheres Leben zu führen. Der letzte Abschnitt des Buches zeigt auf, welche Möglichkeiten wir haben, wenn wir lernen, unseren Blick von den Niederungen unserer Bedürfnisse in die Höhen der Selbsttranszendenz zu erheben.

LUSTMAXIMIERUNG

Kapitel Eins: Liebe

Im Gegensatz zu echter Liebe ist das Verlieben ein reines Bauchgefühl. Durchaus nützlich zum Starten des großen Liebesabenteuers, aber oberflächlich, unbeständig, unverlässlich und kurzlebig. Und oft unfassbar unvernünftig. Verlieben passiert, das suchen wir uns nicht aus. Deswegen müssen wir aufpassen, dass unsere Liebe nicht im Stadium des Verliebens stehenbleibt. Denn Verliebtheit und Anziehung reichen allein nicht aus, um eine lange, glückliche Beziehung zu führen. Dafür müssen wir lernen, auf unseren Kopf zu hören und mit unserem Herzen zu entscheiden.

Schmetterlinge im Bauch

Unser größter Wunsch ist es, mit jemandem alt zu werden. Niemand möchte, dass unbeteiligte Spaziergänger eines Tages auf dem Grabstein lesen: »Er hatte in der Jugend ein wildes Leben, danach war er vierzig Jahre lang einsam mit seinen bedeutungslosen Erinnerungen.«

Doch die Verlockungen eines promiskuitiven Lebensstils sind nicht die einzigen Hürden, die uns der Bauch in den Weg legt. Genauso kann es passieren, dass Sie den Mann Ihres Lebens zu finden glauben, doch schon bald sind Sie in einer langweiligen oder konfliktbeladenen Ehe gefangen. Was ist schiefgelaufen? Wo sind Sie falsch abgebogen? Womöglich haben Sie Eros und

Agape verwechselt, Romantik und Liebe. Der Bauch ist ein großer Täuscher: Er kann unachtsamen Menschen ein Stück Kohle als Edelstein verkaufen.

In der Liebe kann es schnell kompliziert werden. Vor allem, wenn wir uns völlig auf unseren Bauch verlassen. Es ist die Aufgabe des Psychiaters, die Fäden zu entwirren und für Klarheit zu sorgen. Dabei können Konzepte helfen, die unsere Gefühle und Handlungen erklären und in den richtigen Kontext setzen. Dafür kann das Modell der vier Formen der Liebe des irischen Schriftstellers und Philosophen C.S. Lewis hilfreich sein.

Den meisten wird Lewis als Autor der Narnia-Bücher bekannt sein, manchen vielleicht auch als guter Freund des anderen großen, englischen Fantasy-Autors J.R.R. Tolkien. Doch Lewis war auch ein sehr einfühlsamer Denker des menschlichen Liebeslebens. Wie bauen wir Beziehungen zueinander auf? Welche Rolle spielt dabei die Sexualität? Warum schaffen es einige Menschen, ihre anfängliche Verliebtheit in eine feste Liebe zu verwandeln und viele Jahrzehnte glücklich zu sein, während manche Ehepartner sich schon nach wenigen Jahren nicht mehr wiedererkennen?

Die vier Formen der Liebe, die von Lewis inspiriert sind, tragen die Namen Venus, Eros, Philia und Agape. Im besten Fall gehen sie ineinander über, werden von der nächsten Stufe aufgehoben, im zweifachen Sinne des Wortes: Zum einen ersetzt die Philia den Eros als dominierende Liebesform und die Agape wiederum die Philia, zum anderen bleiben die früheren Formen in den späteren Stufen erhalten und bekommen so deutlich mehr Dauer. Venus und Eros sind eher kurzfristig und kommen aus dem Bauch, Philia ist die Liebe des Kopfes und Agape schließlich ist die langfristige Fähigkeit, mit vollem Herzen lieben zu können. Erst wenn wir unsere Bauchgefühle kultiviert haben, können wir die Agape erreichen. Doch alles der Reihe nach.

Wir beginnen dort, wo heute viele Menschen ihr Dating-Leben beginnen: im Internet.

Nur einen Swipe von der Venus entfernt

Die gesellschaftlichen Bedingungen, unter denen wir heute leben, bestärken den Bauch in seiner Lustmaximierung, denn jede personalisierte Werbung auf Google sagt uns, dass wir alles haben können. Nichts ist unmöglich. Mit Internetportalen und Apps wird Liebe zu einem Spiel, das auf Knopfdruck abrufbar ist. Doch kann uns so etwas langfristig glücklich machen?

Dating-Plattformen wie Tinder sprechen in erster Linie das Konzept der Venus an. Venus ist die niedrigste, animalische Form der Liebe. Sie differenziert nicht, sie ist reines Begehren. Eine Person ist für sie genauso gut wie die andere. Es geht um keine soziale Begegnung, sondern um bloße Triebbefriedigung. Es ist erneut eine künstlerische Vorlage, die uns die Folgen und Konsequenzen der Venus vor Augen führt. Mozarts Don Giovanni, der Held der gleichnamigen Oper, hat sich völlig dieser Form der Liebe, oder besser: dieser Form des Begehrens verschrieben.

Für Don Giovanni ist die Frau ein bloßes Objekt der Begierde, eine substituierbare Variabel. In diesem Sinne ist er ein klassischer Narzisst. Sein Diener Leporello führt sogar eine Liste über die Eroberungen seines Herrn. Frauen werden auf bloße Nummern reduziert. Bis zur Eroberung verspricht Don Giovanni den Objekten seiner Begierde alles. Er tritt charmant auf, verwandelt sich in das, was seine Opfer in ihm sehen wollen. Egal ob reich oder arm, erfahren oder noch blutjung, Don Giovanni unterwirft sein Wesen völlig seinem Bedürfnis. Er ist, was er sein muss, um sein Ziel zu erreichen. Doch im Moment seines Triumphes, bei geglückter Eroberung, öffnet sich sofort eine neue Leere, die gefüllt werden muss. Weil es ihm niemals um die Person geht, die er verführt, sondern nur um die Verführung selbst, erreicht er nie einen Endpunkt, findet er nie Erlösung. Don Giovanni ist völlig frei von Reflexion oder moralischen Bedenken, er ist völlig Bauch. *»Das Es kennt keine Moral …«* Hätte es zu Mozarts Zeiten schon das Internet gegeben, Don Giovanni hätte Tinder erfunden.

Damit soll nicht gesagt sein, dass alle Menschen auf Tinder ein ähnliches Verhalten zeigen wie Don Giovanni. Doch die Struktur solcher Dating-Plattformen folgt dem Konzept der Venus. Die komplexe und faszinierende Persönlichkeit der Nutzer muss auf wenige Zeilen komprimiert werden, die gut verdaulich sind. Ungeschriebene Regeln verlangen, bloß nicht zu intim zu werden, am besten möglichst indifferent und lässig zu wirken. Nutzer verbringen viele Stunden damit, die richtigen Bilder zu wählen, die möglichst authentisch und spontan wirken sollen. Wie Venus ist auch die Tinder-Welt völlig Oberfläche.

Ein Mensch wird in Sekundenschnelle bewertet und mit einer einzigen Fingerbewegung beurteilt: Ein Swipe nach links bedeutet, er oder sie gefällt nicht, ein Wisch über den Bildschirm nach rechts eröffnet die Chance eines Matches. Werden zwei Menschen gematcht, haben sie die Möglichkeit, sich anzuschreiben. Unzählige solche Matches stumpfen die Nutzer ab, irgendwann fließen die Profile unterschiedslos ineinander, virtuelle Konversationen werden stets mit denselben nichtssagenden Floskeln begonnen. Die Wahrscheinlichkeit, so den Mann oder die Frau fürs Leben zu finden, ist gering.

Dem Prinzip der Venus unterliegen nicht nur solche Dating-Plattformen. Ein anderes, mittlerweile weit verbreitetes Problem resultiert ebenfalls aus einem unkontrollierten Bauch, der sich ganz der Venus verschrieben hat: die Pornosucht.

Fall 2: Immer wilder

Der junge Kevin W. ist 25 Jahre alt und Student. Gleich nachdem er sich dem Therapeuten vorgestellt hat, schießt es aus ihm heraus: »Ich habe ein Problem mit Pornografie und dem Sexualtrieb!«

Bereits in der Schule begann W., pornografische Videos zu konsumieren. »Manchmal habe ich sechs Stunden am Tag damit verbracht«, erzählt er. »Und bald habe ich gemerkt, dass ich immer krassere Sachen brauche, um mich zu stimulieren. Die Videos mussten immer wilder, ausgefallener und perverser sein.«

Zuerst habe ich mich noch mit Soft-Pornografie zufriedengegeben«, erzählt W. »Irgendwann brauchte ich Hardcore-Pornos, um dieselbe Wirkung zu erzielen. Dann kamen Dreier dazu, dann Gruppensex. Urinieren, Exkremente, nichts war mir zu abgefahren … Danach zogen mich plötzlich die Gewaltpornos magisch an, mit Fesseln und Schlagen, aber noch konsensuell. Besonders erregt hat mich eine Zeit lang, wenn der Mann (also in der Fantasie ich) der Frau in den Magen geschlagen hat, bis sie erbrechen musste – und sie dann gezwungen hat, das Erbrochene aufzuschlecken. Jetzt bin ich bei Vergewaltigungspornografie gelandet … Je mehr Gewalt, desto mehr triggert mich das sexuell. Wenn das Opfer nicht zustimmt und sich wehrt, umso mehr. Irgendwann begann ich, mich zu fragen: Wer bin ich eigentlich? Bin ich pervers? Da habe ich gemerkt, dass ich eine Grenze ziehen muss. Die Sucht wird immer mehr zur Last für mich. Ich versuche immer wieder, davon loszukommen, aber ich schaffe es nicht.«

Er führt aus: »Die Pornosucht hat Spuren hinterlassen. Sie hat mich verändert. Ich schaue bei Frauen immer sofort auf das Äußere. Auf der Straße versuche ich, ihnen versteckt Blicke zuzuwerfen, und ziehe sie im Geiste aus. Immer muss ich mir überlegen, wie sie wohl nackt aussieht. Ich reduziere Frauen auf ihre Brüste, Taille, Hintern und Vagina. Und was ich mit ihnen machen könnte.«

Der Patient schweigt und starrt vor sich hin. Er wagt kaum, den Arzt anzublicken. Dann sagt er sehr leise, fast im Flüsterton: »Es ist so beschämend, das alles auszusprechen! Aber gleichzeitig befreiend. Schmerzhaft, aber es tut gut. Viel zu lange habe ich das alles mit mir allein herumgetragen. Danke, dass Sie mir zuhören!«

Wieder langes Schweigen. Der Psychiater sagt nichts und gibt dem Patienten so mehr Raum zur Reflexion. Es ist nicht seine Aufgabe, den Patienten zu verurteilen. Das tut dieser schon selbst. Schließlich fährt W. fort, mehr zu sich selbst sprechend: »Ich bin schüchtern und traue mich kaum, eine Frau anzusprechen. Ich habe einen starken Sexualtrieb, gleichzeitig wünsche ich mir Geborgenheit und Nähe, nicht nur sexuell. Ich hatte noch nie eine Beziehung und fühle mich oft sehr allein.«

Der junge W. ringt mit sich selbst, als er hinzufügt: »Ich weiß, dass es schlecht und falsch ist. Aber ich komme einfach nicht davon los.«

Dass Kevin W. mittlerweile nur noch von Videos stimuliert wird, die bei den meisten Menschen wohl einen Brechreiz auslösen würden, ist leider kein Wunder, denn Pornosucht (wie auch andere Probleme, die mit dem Bauch zusammenhängen) wirkt expansiv. Da ein Pornosüchtiger nicht auf Qualität, also auf eine tiefe Bedeutung abzielt, sondern auf äußerliche Reize reagiert, müssen sich diese in ihrer Quantität stetig steigern. So wie der Drogensüchtige mit Fortdauer seiner Sucht eine immer höhere Dosis benötigt, um sich befriedigt zu fühlen, sucht der Pornosüchtige nach immer heftigerem und expliziterem Sex. Die Menschen hinter den Bildern werden ihm zunehmend egal.

Kevin W. hat irgendwann bemerkt, dass die Pornosucht ihn in die Unfreiheit treibt und ungesund für ihn ist. Sein Kopf hat die Situation richtig eingeschätzt, weil er ein ganz anderes Lebensideal in seinem Herzen trägt.

Doch sein Bauch ist noch zu stark und überlagert jeden rationalen Einwand. Zugleich hindern Scham- und Schuldgefühle den Patienten, die gewohnten Routinen zu durchbrechen. Der Patient ist noch zu sehr auf sich selbst fokussiert, um sich anderen Menschen nähern zu können.

Wie der Patient W. erfahren musste, kennt der Bauch kein Maß. Er möchte stets mehr. Beim Thema der expansiven Pornosucht greift das geflügelte Wort von Sigmund Freud besonders treffend, dass der Bauch »*polymorph pervers*« sei. Das bedeutet, wir sind als Menschen nicht, was wir im Bauch alles entdecken (wie die 68er irrigerweise postuliert haben), sondern vielmehr definieren wir uns darüber, wie behutsam und verantwortungsvoll wir mit den Bauchgefühlen umgehen. Ob wir zu Verbrechern oder Heiligen werden liegt nicht in unserem Bauch determiniert, sondern der Bauch kann uns in beide Richtungen führen, je nachdem, wie wir mit ihm umgehen. Man kann sich an alles Mögliche gewöhnen, leider auch an Vergewaltigung, Lüge, Diebstahl, sogar Mord. Aber das alles ist deswegen nicht »in uns drinnen«, sondern wir lassen diese Entwicklung durch Vernachlässigung unserer Pflicht zur Kultivierung unserer Bauchgefühle selbst zu. Es ist kein Schicksal, ein Dieb zu sein, sondern der Dieb hat sein kriminelles Verhalten zugelassen.

Der Bauch ist träge, aber flexibel. Er gewöhnt sich an die schlimmsten Perversitäten genauso wie an die höchste Tugend. Man kann den Bauch schwer lenken wie ein Auto, das man kurzfristig dafür gebraucht, von einem Ort zum anderen zu gelangen. Aber man kann ihn langfristig prägen, wie ein Kind Klavierspielen lernt. Frei ist der Mensch weder im Bauch noch im Kopf, sondern nur im Herzen. Deswegen besteht die Freiheit nicht in der *»Selbststeuerung«* – wie ein Auto, das wir kurzfristig steuern – sondern in der langfristigen *»Selbstprägung«*. Ein mühsamer, aber nachhaltiger Prozess. Der Mensch ist nicht, was er gerade fühlt, nicht, was er so alles in seinem Bauch findet, sondern was er aus sich macht, wie er sich und seine Gefühle prägt. Den Menschen beurteilt man nach seinem Herzen, seinem Habitus, nach seinem Charakter. Nach außen dringen diese durch seine Handlungen. Wir sind daher, was wir tun.

Ob wir tausende Videos sehen oder pro Tag hundert Dating-Profile in Sekundenschnelle aufrufen, solche Verhaltensweisen können dazu führen, dass wir abstumpfen. Es braucht immer stärkere Reize, um uns noch zu affizieren. Ein anderer Patient erzählte, dass er am Computer immer fünf Pornofilme parallel laufen hatte, weil einer allein ihn schon langweilte. Pornografie ist expansiv, nicht personal. Das »Du« ist uninteressant, es geht nur um die eigene Befriedigung. Damit kann das »Du«, im Gegensatz zur personalen Sexualität, kein Korrektiv sein. Damit pervertiert die Sexualität immer mehr. Wir verlernen, uns auf die Persönlichkeit einzelner Individuen zu konzentrieren, und gehen unter in einem Strom austauschbarer, oberflächlicher Bilder und Beschreibungen, die der Bauch verschlingt, ohne je satt zu sein. Denn reines Begehren ist leeres Begehren. Im Moment seiner Erfüllung ist es bereits weitergezogen, blickt schon auf das nächste Objekt.

Das Versprechen von Tinder ist, dass sich schon irgendetwas ergeben wird aus der Masse an Menschen, die ebenfalls alle irgendeine Art von Beziehung suchen. Und wenn es nicht funktioniert, dann ist das auch kein Problem, es gibt immer ein nächstes Mal. Doch damit verliert das Erlebte an Bedeutung, wird bloß zu einem Platzhalter für dieses nächste Mal, das noch besser zu werden verspricht.

Die Liebe der Venus ist keine Liebe zu einer anderen Person, sondern eine Liebe zum Begehren selbst. Zum eigenen Begehren, wohlgemerkt. Eine Gier nach Befriedigung. Das Interesse am Sexualobjekt ist in dem Moment vorbei, in dem der Orgasmus erreicht ist. An der Person selbst besteht ohnehin nie ernsthaftes Interesse. Und damit ist Venus keine echte, keine gesunde Liebe, die glücklich machen kann. So wie Don Giovanni stets unerfüllt bleibt, so ist auch die Venus keine Liebe, die uns erfüllen kann. Erst wenn wir lernen, die andere Person – das »Du« – in ihrer Individualität wahrzunehmen und ihr unsere ungeteilte Aufmerksamkeit zu schenken, haben wir die Chance, den ersten Schritt vom Bauch zum Herzen zu machen.

Gegensätze und Gemeinsamkeiten: Verlieben mit dem Eros

Am Ende von Mozarts Oper fährt Don Giovanni zur Hölle. Nehmen wir an, dort wartet eine Psychotherapie auf ihn (wahrscheinlich gibt es Menschen, die die Hölle vorziehen würden). Dort lernt Giovanni, dass er sein Leben lang der Venus gefolgt ist, einer unerfüllbaren Begierde. Er lernt das Konzept des Eros kennen. Und er erfährt, dass jede gesunde Beziehung drei Stufen durchlaufen sollte, um langfristig bestehen zu können: verliebt (Schmetterlinge im Bauch), verlobt (Prüfung durch den Kopf), verheiratet (Verbindlichkeit des Herzens). Manche Menschen bleiben in der Unverbindlichkeit stecken, bringen die Reihenfolge durcheinander oder überspringen eine Stufe. Das ist nicht klug. Wie wir sehen werden, sind oft Bauchgefühle daran schuld.

Anders als die Venus, die nur einen Körper braucht, benötigt Eros bereits ein Du, ein persönliches Gegenüber. Das ist ein wichtiger Schritt. Verlieben ist kopfloses Idealisieren. Es fühlt sich meist sehr verbindlich an. Ist es aber nicht. Eros ist der sinnliche Moment der Liebe zwischen zwei Menschen. Der Eros sucht das ganz andere und idealisiert das Gegenüber.

Wenn man so will, personalisiert Eros den Sexualtrieb. Er richtet ihn auf eine bestimmte Person: Es heißt dann, sie und keine andere. Er hilft dabei, eine intime Bindung zu einer anderen Person herzustellen. Dadurch verlieren wir uns in der anderen Person, auf eine gute Art: Lewis beschreibt, wie der Eros dabei hilft, Geben und Nehmen ineinander übergehen zu lassen.

Eros legt also den Grundstein für alles Weitere. Und der Bauch hilft dabei. Laut einer Studie der Psychologin Pia Kabitzsch dauert es 0,1 Sekunden, um zu entscheiden, ob wir eine Person sympathisch und attraktiv finden oder nicht. Diese Entscheidung übernimmt der Bauch. Er registriert zahlreiche Details, die uns bewusst gar nicht auffallen: wie sich eine Person bewegt, wie sie lächelt und spricht, wie sie sich kleidet, wie sie riecht. Es kann passieren, dass sie unbewusst eine schlechte Erinnerung in uns hervorruft, etwa indem sie sich das Haar genauso hinter das Ohr streicht, wie die Lehrerin im Gymnasium, die uns ständig unfair benotet hat. Dann stehen die Chancen schlecht, dass sich intuitiv Sympathie einstellt. Das ist womöglich unfair, doch das ist eine natürliche Schutzreaktion des Bauches: Er kann uns nämlich so auch vor toxischen Partnern warnen.

Doch unser Giovanni ist noch nicht so weit. Er hat sich ja noch nie wirklich in eine andere Person verliebt, er muss also von vorne anfangen. Durch das Konzept des Eros erlernt er, die Person hinter dem Körper zu sehen und sich völlig auf die Frau zu konzentrieren, die er vor sich hat. So legt er den Grundstein, um sich zu verlieben. Er begehrt sie sexuell, doch diese Begierde ist nun anders als die Begierde der Venus: Sie möchte nur die eine Frau und keine andere. Während der Zeit der Verliebtheit gibt es für ihn nur diese eine.

Giovanni wird also aus seiner Therapie entlassen und bekommt noch eine Chance, eine wahrhafte Liebe zu finden. Einzige Bedingung: Er besucht seinen Therapeuten auch weiterhin.

Von Tinder hat er erstmal genug, doch er lernt eine Frau über gemeinsame Freunde kennen. Und tatsächlich funkt es sofort: Es dauert 0,1 Sekunden und er weiß, dass er nur noch Zeit mit ihr verbringen will. Er denkt täglich an sie, überlegt, wie er ihr eine Freude machen kann, betrachtet jedes ihrer Worte wie einen Edelstein und untersucht ihre Blicke auf eine geheime Botschaft, die nur für ihn bestimmt sein kann.

Sie treffen sich häufig, und jedes Mal landen sie im Bett. Diese Zeit fühlt sich himmlisch an, solche Höhen kannte Giovanni nicht. Mit ihr zu schlafen ist ein einmaliges Gefühl, als würde er jetzt erst verstehen, was das bedeutet: mit jemandem zusammen zu sein.

Das geht einige Monate so. Der Bauch flattert jedes Mal, wenn er sie sieht. Er ist Bauch über Kopf in sie verliebt. Doch genau darin liegt das Problem: Der Kopf spielt keine Rolle.

Fall 3: Im Bett wird nicht politisiert

Frau A. kommt schon seit längerem zu ihrem Therapeuten. Sie ist Mitte dreißig, erfolgreich in ihrem Beruf als Anwältin, eine selbstbewusste und aktive Frau, doch manchmal hat sie Probleme mit Stress und Drucksituationen. Über ihr Liebesleben spricht sie selten. Sie hat den Richtigen noch nicht gefunden und ohnehin wenig Zeit. Bis sie eines Tages erzählt: »Ich habe den Mann meiner Träume kennengelernt!«

Bei dieser Aussage wird der Therapeut hellhörig. Solche Übertreibungen passen eigentlich gar nicht zu Frau A., die sonst immer sehr besonnen und nüchtern ist.

»Wir haben uns in einer Bar kennengelernt«, erzählt sie. »Den ganzen Abend habe ich ihn angestarrt. Er sah so gut aus, trug einen stilvollen Anzug, das Haar perfekt gekämmt, er wirkte wie ein Fernsehstar. Irgendwann ist er an meinen Tisch gekommen und hat gefragt, ob er mir ein Getränk spendieren kann. Normalerweise mag ich das nicht, aber er war sehr charmant und überhaupt nicht aufdringlich. Wir haben uns den ganzen Abend gut unterhalten, ich weiß gar nicht mehr, über was genau. Die Zeit ist verflogen und wir sind dann noch zu mir gegangen, obwohl ich am nächsten Tag arbeiten musste!«

Der Therapeut hört interessiert zu, ohne zu bewerten. Auch in den nächsten Wochen erzählt Frau A. häufiger von diesem Traummann. »Wir können uns nicht so oft sehen, weil wir beide sehr viel arbeiten«, erzählt A. »Aber wenn wir uns sehen, ist da so eine Spannung, das habe ich zuvor noch nie erlebt. Wir können kaum die Finger voneinander lassen. Ich fühle, wie ich total abschalte und nur noch von Gefühlen gelenkt werde. Es dauert nie lange, und wir landen miteinander im Bett.«

Abschalten und von Gefühlen lenken lassen? Das klingt nicht nach Frau A. Der Therapeut erkundigt sich ein bisschen genauer nach ihrem neuen Freund.

»Er ist stark und sportlich. Mir gefällt, dass er immer ruhig bleibt und sehr höflich ist. Er hat einen tollen Körper und eine kleine Narbe auf der rechten Wange, das wirkt total draufgängerisch und sexy.«

Die Narbe macht den Therapeuten stutzig. Er fragt, was der Traummann denn so für Hobbys hat. Und weil der Therapeut weiß, dass Frau A. eine überzeugte Linke ist, fragt er sie auch, ob sie beide politisch übereinstimmen. »Über Politik haben wir noch gar nicht gesprochen«, antwortet sie etwas nachdenklich. Natürlich nicht, Politik im Bett, das ist unsexy.

Als sie eine Woche später die Praxis betritt, kann der Therapeut sofort sehen, dass sich etwas verändert hat. Sie ist still und wirkt in sich gekehrt. Kaum hat sie Platz genommen, erzählt sie verzweifelt: »Stellen Sie sich vor, nach unserem Gespräch letzte Woche habe ich ihn zum Essen eingeladen und für ihn gekocht. Es fing sehr gut an, ich habe fast vergessen, was ich ihn fragen wollte. Er hat mich umarmt und wir haben uns geküsst. Doch bevor wir ins Schlafzimmer abbiegen konnten, habe ich ihn gefragt, was er zu unserer Regierung sagt. Ich wollte unverfänglich klingen, habe versucht, das in einen Scherz zu verpacken. Doch plötzlich hat er einen langen Monolog gehalten, das hat überhaupt nicht zu ihm gepasst. Und seine politischen Ansichten haben mich richtig erschreckt! Dann habe ich ihn gefragt, woher er die Narbe hat, die ich so sexy fand.« Frau A. bedeckt mit ihren Händen das Gesicht. »Es ist ein Schmiss! Er hat ihn von seiner Burschenschaft! Das hat er mir ganz stolz erzählt. Ich war in einen Burschenschaftler verliebt! Dabei wähle ich seit zwanzig Jahren Grün!«

Es gibt zwei bekannte Aussprüche über gegenseitige Anziehung. Der eine lautet: »Gegensätze ziehen sich an.« Der andere: »Gleich und Gleich gesellt sich gern.« Diese beiden Sätze scheinen sich auszuschließen, und doch treffen sie beide zu. Erfahrene Therapeuten wissen, dass Gegensätze sehr attraktiv wirken können. Für den Eros, der das Stadium der Verliebtheit begleitet und eine sexuelle Anziehungskraft entwickelt, sind Gegensätze die Kohlen im Feuer der Leidenschaft. Ruhige Menschen können von stürmischen Charakteren angezogen werden, extrovertierte Personen können ruhige und nachdenkliche Menschen faszinierend finden. Hier geht es um Ergänzung. Die moderne Attraktivitätsforschung hat festgestellt, dass Männer beim anderen Geschlecht umso attraktiver sind, je männlicher sie sind, und umgekehrt. Wie gesagt: Gegensätze ziehen sich an.

Es gibt nur einen Bereich, in dem die beiden Partner übereinstimmen müssen: in ihrer Weltanschauung. Hier fallen Religion und Politik hinein, aber auch Ideale und Wertvorstellungen. Neuerdings ebenso die Einstellung zu den Corona-Maßnahmen der letzten Jahre, die bei vielen die Dimension einer Weltanschauung bekommen hat. So unterschiedlich die Menschen auch sind, wenn sie eine Weltsicht teilen, können sie ein glückliches Paar werden und voneinander viel lernen. Doch unterscheiden sich diese fundamentalen Werte, wird es auf Dauer schwer, selbst wenn die beiden Verliebten hundert gemeinsame unerhebliche Interessen aufweisen können. Frau A. hätte das früher erkannt, womöglich schon am ersten Abend, wenn ihre Bauchgefühle sie nicht überrumpelt hätten. Denn der Bauch will eine schnelle Befriedigung, und tiefgehende, oftmals komplexe Diskussionen über Politik oder Werte versprechen nicht gerade eine exzessive Partystimmung.

Eros ist wichtig, damit wir eine Bindung zu einem Menschen aufbauen können. Eros entwickelt eine enorme körperliche und psychische Anziehung – das lateinische Lehnwort dafür ist Attraktivität. Damit wir uns verlieben und bereit sind, viel Zeit und Kraft zu investieren, um der anderen Person näherzukommen. Doch bei Eros dürfen wir nicht stehen bleiben. Und wir dürfen weder die Triebbefriedigung des Bauches noch die Romantik des Eros als vollkommene Liebe missverstehen, auch wenn Hollywood uns das ständig glauben machen will.

Das erklärt der Therapeut auch unserem Giovanni, woraufhin dieser seine neue Bekanntschaft prüft. Dies gelingt ihm auf der nächsten Stufe der Liebe: der Philia.

Die Prüfungszeit: Verlobt mit der Philia

Der Eros erlaubt uns, schwindelerregende Gipfel der Gefühle zu erklimmen. Doch man kann von diesen auch schnell herabstürzen, wie das Beispiel von Frau A. zeigt. Sich kopflos in eine Liebesbeziehung zu stürzen und dem Bauch bedingungslos nachzugeben, endet meist in Unglück. Aber auch Eros ist kurzsichtig und untreu. Eros kann von sich aus die Versprechen nicht halten, die er vollmundig macht, wie es C.S. Lewis treffend formuliert.

Nach den ersten Monaten der Verliebtheit (des Bauches) muss die Beziehung in eine Prüfungszeit (des Kopfes) eintreten, in der man Charakter, Tugenden und Laster, Neigungen und Selbstbetrug, Werte und Überzeugungen der anderen Person kennenlernt und kritisch hinterfragt. Stimme ich mit meinem Partner in meinen fundamentalen Ansichten überein? Kann ich mit seinen charakterlichen Mängeln leben? Diese Prüfungszeit ist in der abendländischen Tradition die Verlobungszeit: die gegenseitige Zusage, dass man es ernst mit dem anderen meint und bereit ist, sich schrittweise in eine Verbindlichkeit (des Herzens) zu begeben. Es ist eine Zeit der kritischen Prüfung: *»Drum prüfe, wer sich ewig bindet, ob sich das Herz zum Herzen findet. Der Wahn ist kurz, die Reu' ist lang«*, dichtete Friedrich Schiller 1799 eindrücklich im Lied von der Glocke. Der Wahn, von dem Schiller spricht, ist der Rausch des Eros.

Verheerend wird es, wenn diese Prüfungszeit übersprungen wird und Paare aus dem Affekt heraus eine kopflose Verbindlichkeit eingehen, heiraten, Kinder bekommen oder gemeinsam ein Haus kaufen – also Entscheidungen treffen, die sie längerfristig aneinanderbinden und die erst in einer gefestigten Beziehung getroffen werden sollten. Viele Beziehungen scheitern heute daran, dass die beiden Liebenden bloß ihren Gefühlen nachgeben, einer falschen Vorstellung von Romantik folgend. Herz und Kopf bleiben außen vor. Wir verwechseln heute vielfach den Bauch mit dem Herzen.

In vielen Kulturen war und ist es üblich, dass zwei Verliebte während der Verlobungszeit noch nicht zusammenziehen oder sich jeden Tag sehen, sondern zunächst noch getrennt wohnen. Das ermöglicht es ihnen, rational über ihre Gefühle und Beziehung zu reflektieren. Heute verbringen zwei Menschen in ihrer Verliebtheit oft jede freie Sekunde miteinander, was sich kurzfristig sehr erhebend anfühlen kann. Oft bleiben dabei aber tiefgehende Gespräche aus, besonders, wenn der Bauch die Situation lenkt. Und so kommt es zu keiner Prüfung der anderen Person. Ein eheähnliches Zusammenleben täuscht Verbindlichkeit vor, wo keine ist. Viele leben in einer Fake-Ehe, die sich so anfühlt, ohne es zu sein. Oft kommt in solchen Konstellationen für einen der beiden Partner (meist für die Frau) dann Jahre später das böse Erwachen, wenn der andere sich unvermittelt einer Jüngeren zuwendet, weil dieser in seinen Bauchgefühlen »nichts mehr spürt«.

Fehlende Reflexion macht es auch möglich, denselben Fehler wieder und wieder zu begehen. Es gibt zahlreiche Beispiele für Menschen, die immer wieder denselben Charaktertyp als Partner wählen, obwohl dieser sie stets unglücklich macht: Frauen, die sich ständig in narzisstische Männer verlieben, die nach einem halben Jahr anfangen, fremdzugehen. Oder Männer, die sich mit erschreckender Sicherheit in emotional instabile Frauen verlieben, die extrem eifersüchtig sind und jeden Schritt des anderen zu überwachen beginnen, sobald die erste Verliebtheit verflogen ist.

Woher kommt das? Ganz einfach: Bauch, Kopf und Herz kommunizieren nicht miteinander, sondern der Bauch behält völlig ungeprüft und unreflektiert die Oberhand. Manche Menschen werden aus ihren Fehlern nicht klug und versäumen es, sich nach einer gescheiterten Beziehung unangenehme und komplizierte Fragen zu stellen: Was war der Grund für sein Verhalten? Warum wollte sie mich ständig kontrollieren? Habe ich dazu beigetragen? Gab es von Beginn an Anzeichen dafür oder hat sich dieses Muster erst entwickelt? Was könnte der Auslöser gewesen sein?

Zur Klärung solcher Fragen kommen Menschen in die Therapie, denn die richtigen Fragen zu stellen und dann auch noch die passenden Antworten zu finden ist alles andere als einfach. Es ist keinesfalls Aufgabe des Bauches, sondern des Kopfes, diese unangenehmen Fragen aufzuwerfen. Erst wenn der Kopf richtig analysiert und das Herz unsere Entscheidung, eine solche Beziehung nicht noch einmal durchleben zu wollen, verinnerlicht hat, kann der Bauch beginnen, nach den richtigen Anzeichen Ausschau zu halten.

Viele Narzissten teilen gewisse Verhaltensmerkmale, etwa wie sie über sich oder andere sprechen. Oft ist es schwer, Narzissten gleich als solche zu erkennen, weil sie anfangs sehr charmant und charismatisch wirken. Doch Anzeichen gibt es bereits sehr früh. Fallen wir also einmal darauf herein, kann unser Bauch diese Anzeichen internalisieren und uns zurufen: Halt, pass auf! Mit so einem Menschen ist das schon einmal schiefgegangen!

Dafür ist es allerdings notwendig, dass ich diese Erfahrung reflektiert und verarbeitet habe.

Nach diesem Prozess kann auch der Bauch uns vor Personen warnen, die ein charismatisches Auftreten haben mögen, denn Details verraten uns: Wir haben es mit einem Narzissten zu tun, oder einem Menschen mit Kontrollproblem. Oder einem chronischen Schürzenjäger. Es grummelt und rumort und wir können nach dem ersten Date schon abwinken und uns neu orientieren.

Ohne diesen Reflexionsprozess übernimmt der Bauch jedoch unreflektiert das Kommando. Dann kratzt er nur an der Oberfläche und wir lassen uns täuschen von Schmeicheleien, Versprechungen und einer Begeisterung, die echt klingt, aber in Wahrheit hohl und gespielt ist. Und dann fallen wir immer wieder auf dieselbe Masche hinein.

Der Bauch kann aber nicht nur intuitiv Sympathie für einen anderen Menschen erzeugen, sondern uns auch warnen. Er sendet uns dann ein Störgefühl, das dringend reflektiert werden muss.

Eventuell sogar mit einem Außenstehenden – der den Vorteil hat, nicht durch das aufdringliche Bauchgefühl der Verliebtheit geblendet zu sein. Und erst, wenn wir mit dem Kopf kritisch reflektieren – jenseits des Hormonstaus – können wir mit dem Herzen eine reife Entscheidung treffen, was für eine Beziehung wir wollen und welche nicht.

Fall 4: Seltsame Nähe

Lukas C. ist 25 Jahre alt und wird gerade mit dem Elektrotechnik-Studium fertig.

Er sucht einen Therapeuten auf, weil es in seiner Beziehung nicht rundläuft.

»Drei Jahre sind wir jetzt schon zusammen«, erzählt Herr C. »Ich komme eigentlich aus der Steiermark, lebe aber wegen meines Studiums in Wien. Wir haben uns kennengelernt, als ich meine Eltern zu Hause besuchte. Wir haben uns schnell sehr gut verstanden und sind zusammengekommen. Die vergangenen drei Jahre hatten wir eine Fernbeziehung, ich studiere in Wien, sie studiert in München. Fast täglich haben wir geschrieben und uns angerufen. Wir sahen uns meist an den Wochenenden und es war eine unglaublich schöne Zeit.

Jeder Tag mit ihr war wie Urlaub! In den drei Jahren habe ich mich beständig gefühlt, wie frisch verliebt.«

Herr C. zögert kurz, bevor er weiterspricht. »Vor drei Monaten haben wir uns verlobt und sie ist zu mir nach Wien gezogen. Ich dachte, besser könne es nicht werden: Wir sehen uns jeden Tag, schlafen jede Nacht im gleichen Bett. Doch plötzlich fühlte sich die Nähe seltsam an. Wir schweigen viel, unsere Gespräche stocken. Es fällt mir schwer, ihr geduldig zuzuhören. Sie studiert Kunstgeschichte, damit kann ich wenig anfangen. Zwar gehe ich ihretwegen manchmal ins Museum, aber wirklich interessieren tut es mich nicht. Und mit meinem Studium kann sie sowieso nichts anfangen! Wenn wir uns früher besucht haben, verbrachten wir die Abende oft gemeinsam auf der Couch und schauten eine Serie. Doch jetzt will sie meist ein Buch lesen. Für gemeinsame Sachen bleibt überhaupt wenig Zeit.«

Herr C. vergräbt das Gesicht in den Händen. »Ich weiß nicht, ob wir uns überhaupt noch lieben. Dabei hätte es doch jetzt erst so richtig schön werden sollen! Wie kann das sein – dass wir uns näherkommen und gleichzeitig weniger füreinander fühlen?«

Der Fall von Lukas C. ist klarer, als er denkt. Seine Freundin und er haben die Zeit, in der sie nicht zusammen waren, kaum genützt, um über sich und ihre Beziehung nachzudenken. In dem Stadium ständiger Verliebtheit war während der Fernbeziehung jedes ihrer Treffen wie ein Urlaub. Doch ein Leben ist kein Urlaub. Aus ihrem Alltag gerissen, haben die beiden eine intensive Zeit miteinander verbracht, doch das geht eben nur für wenige Tage. Sie haben ihre Beziehung nicht mit dem Kopf geprüft. Jetzt leben sie zum ersten Mal seit drei Jahren ernsthaft zusammen und merken, dass sie sehr verschiedene Interessen haben.

Ein Problem, das vermeidbar gewesen wäre, hätten sie früher die Ebene der Philia erreicht. Vom »Ich will dich«, das von der Lust getrieben wird, hin zum »Ich sehe dich als der Mensch, der du bist«. Dieser Weg führt über die wichtigen Fragen: »Wer bist du? Was denkst du? Was für ein Mensch willst du sein? Was macht dich aus, jenseits deiner Genitalorgane?«

Philia bedeutet auf Altgriechisch Freundschaft, und dieser Aspekt steht nun im Vordergrund. Während Eros die sexuelle Begierde beflügelte, wird die andere Person auf der Ebene der Philia zu einem Partner auf Augenhöhe. Gemeinsame Aktivitäten, geteilte Hobbys, gegenseitige Bereicherung zeichnen nun die Beziehung aus. Wie Cicero, der römische Staatsmann und Philosoph, der sich viel mit der Philia beschäftigte, es ausdrückte: *»Freundschaft ist die Übereinstimmung in allen menschlichen und göttlichen Dingen.«* Die göttlichen Dinge beziehen sich auf unsere tief verankerten Wertvorstellungen und Ideale. Eros ist bei einer aufgeblühten Philia nicht weggewischt, aber besser eingeordnet und für die Beziehung nicht mehr lebensnotwendig. Ein entstellender Verkehrsunfall ist meist das Ende des Eros – nicht jedoch für die Philia.

Ein schönes Beispiel für die Bedeutung der Philia gibt der Film *Shadowlands* (1993), der sich mit dem Leben von C.S. Lewis beschäftigt. Darin lernt der intellektuelle und etwas verstaubte Universitätsprofessor im mittleren Alter die amerikanische Dichterin Joy kennen. Sie ist ganz anders als Lewis, denn sie ist impulsiv, nimmt sich kein Blatt vor den Mund und sagt immer, was sie denkt. Gleichzeitig ist sie klug, belesen und hat ein gutes Herz. Die Grundwerte stimmen überein, und Lewis baut eine tiefe Beziehung zu Joy auf, die nicht von Sexualität getrieben wird, sondern von Freundschaft. Er genießt ihre Anwesenheit, verbringt gerne Zeit mit ihr. Als sie aufgrund von Visa-Problemen Großbritannien verlassen muss, bietet Lewis an, sie zu heiraten. Es ist ein rein platonisches Angebot, denn durch die Heirat wird es ihr ermöglicht, in England zu bleiben. Eine Scheinehe also, wie perfektionistische Paragraphenreiter entrüstet einwerfen würden. Joy willigt ein, denn sie vertraut Lewis und ist sicher, dass er sie nie ausnutzen würde. In gewisser Weise gehen die beiden die Ehe aus dem schönsten aller möglichen Gründe ein: weil sie einander stets nahe sein wollen. Nicht aus Gründen der sexuellen Begierde, sondern weil sie einander als Menschen so schätzen. Doch weil es eine freundschaftliche Liebe der Philia ist und keine Einheit aus Eros, Philia und Agape, wie wir sie im nächsten Kapitel kennenlernen werden, heiraten die beiden nur standesamtlich, nicht kirchlich.

Ein anderes Beispiel für die Philia findet sich im ersten Teil des zweibändigen Romans *Das Schweißtuch der Veronika* (1928) von Gertrud von le Fort, der den Namen »Der römische Brunnen« trägt. Hier wirkt die Philia in die andere Richtung. Die junge Veronika wächst in Rom kurz vor dem Ausbruch des Ersten Weltkrieges auf und entdeckt ihren Glauben trotz einer religionsfernen Erziehung. Diese neue Glaubenserfahrung steht allerdings in Konflikt mit dem schönen Dichter Enzio, den sie auf ihren Spaziergängen durch Roms Gärten und Straßen kennenlernt.

Enzio jedoch kann mit Gott wenig anfangen und begegnet ihrer Spiritualität bisweilen mit Ironie. Im Laufe der Geschichte entwickeln Veronika und Enzio dennoch eine zarte Verliebtheit zueinander. Es ist Eros, der Veronika Enzio in all seiner Schönheit und Eigenwilligkeit sehen lässt. Auch Enzio begehrt Veronika als Frau, doch auf seine eigene Art.

Zum Schluss muss sich Veronika entscheiden: Enzio will mit ihr eine Ehe ohne Gott führen, fernab der Werte und Prinzipien von Veronikas Herzen. Sie will entsprechend ihres Weltbildes kirchlich heiraten, prüft Enzios Herz und wartet auf ihn. Die Situation eskaliert emotional: Sie bleibt ihm innerlich treu, aber auch ihren Werten, während er sie bedrängt und gleichzeitig respektlos, grob und rücksichtlos behandelt. Erst eine dramatische, schwere Krankheit von Veronika bringt Enzio zum Einlenken. Das Buch endet mit einer großen, romantischen Versöhnung, lässt aber die Zukunft offen.

Die Philia hilft uns also dabei, zu prüfen, ob unsere Verliebtheit den Wechselfällen des Lebens standhält und zu Liebe werden kann. In der Zeit der Philia lernen wir den anderen und uns selbst besser kennen. Doch ein Schritt fehlt noch, um eine Beziehung lange – für ein ganzes Leben – glücklich und liebevoll zu gestalten.

Bis das der Tod uns scheidet: Verheiratet mit der Agape

Die Agape – lateinisch Caritas – ist schließlich die letzte und höchste Form der Liebe. Während Venus und Eros aus dem Bauch heraus entstehen und Philia im Kopf stattfindet, kommt die Agape aus dem Herzen. Als Entscheidungsmitte hat das Herz sowohl die Gefühle des Bauches als auch die Einschätzung des Kopfes abgewogen. Verlieben passiert schnell, aber Liebe ist eine Entscheidung. Eine Entscheidung, die verbindlich ist. Und Verbindlichkeit ist für viele bedrohlich, weil sie sich in der Unverbindlichkeit paradoxerweise sicherer fühlen. Ganz nach dem Motto: »Es könnte immer noch jemand Besseres kommen ...«

Doch eine Beziehung lebt davon, dass ich nicht jeden Tag aufs Neue über meine Beziehung nachdenke – sondern fest dabei bleibe. Verbindlich. Verlässlich. In guten und schlechten Tagen, bei Streit und Launen, in Gesundheit und Krankheit, bei aufreizender Schönheit und körperlichem Verwelken. Das ist eine tiefe Weisheit, die heute viele nicht mehr zu erfassen vermögen. Nur so kann man gemeinsam alt werden – ein Ziel, das in jedem Herzen schlummert.

Das ist das Geheimnis einer Beziehung, die lange hält und dabei glücklich bleibt: die verbindliche Entscheidung des Herzens. Wird die Stufe der Agape nicht erreicht, kann es passieren, dass man sich »auseinanderlebt«, wie man gemeinhin sagt. Die Agape ist die Fähigkeit, auch in schlechten Zeiten zu lieben, wie es das Eheversprechen so stark ausdrückt.

Im Film *Shadowlands*, auf den im vorherigen Kapitel Bezug genommen wurde, erfährt C.S. Lewis selbst den Übergang von der Philia zur Agape. In freundschaftlicher Liebe verbunden, halten Joy und er regelmäßig Kontakt, bis Joy sich eines Tages ohne äußere Einwirkung den Oberschenkel bricht. Die Ärzte stellen eine fortgeschrittene Krebserkrankung fest und geben Joy nur noch Monate, bestenfalls ein Jahr. Diese Situation, die für viele Menschen wie das Ende einer Beziehung klingt, ist für Lewis erst ihr Anfang. Täglich besucht er Joy im Krankenhaus und merkt schließlich, dass er sie tief und wahrhaftig liebt. Es ist mehr als erotisches Begehren, mehr als freundschaftliche Liebe, es ist eine schenkende, sich selbst aufgebende, göttliche Liebe. Obwohl beide wissen, dass ihr Zusammensein nur von kurzer Dauer sein wird, beschließen sie, kirchlich zu heiraten. Das bedeutet für beide die letzte und höchste Verbindlichkeit. Sie verbringen die letzten Monate von Joys Leben gemeinsam, reisen durch England und nach Griechenland. Es sind die glücklichsten Momente ihres Lebens. Es ist eine Geschichte, die Gänsehaut verursacht.

Die Liebe der Agape besteht aus bedingungslosem Geben. Die Agape fragt nicht nach der Gegenleistung, verrechnet nichts. Sätze wie: »Wir sind wegen dir hierhergezogen, also verlange ich, dass du mir besser zuhörst!«, sind ihr fremd. Sie handelt, um den anderen Menschen glücklich zu machen, und erfährt darin ihr eigenes, höchstes Glück. Wie Eros ein Strohfeuer ist, das ohne Weiterentwicklung keinen Bestand hat, so ist die Agape das vestalische Feuer, das nie aufhört zu brennen. Ihre Grundlage ist das Versprechen, das man sich bei der Ehe gibt: »In guten wie in schlechten Zeiten« und: »Bis dass der Tod uns scheidet«.

Fall 5: Umdrehen

Alfons K. kommt zum Therapeuten, weil seine Ehe ein Problem hat. Er ist Mitte fünfzig, ein erfolgreicher Geschäftsmann, seine Frau und er sind seit dreißig Jahren verheiratet und haben zwei erwachsene Kinder.

»Aber irgendwas stimmt mit unserer Ehe nicht mehr«, erklärt er dem Therapeuten. »Allerdings habe ich keine Ahnung, was das sein könnte. Daher bin ich bei Ihnen.«

»Woran merken Sie, dass es ein Problem gibt?«, fragt der Therapeut.

»Ganz einfach«, antwortet der Patient. »Jedes Mal, wenn eine schöne Frau an mir vorbeigeht, muss ich mich nach ihr umdrehen.

Das würde ich doch nicht machen, wenn alles in Ordnung ist. Was raten Sie mir?«

Der Arzt rekapituliert im Kopf im Zeitraffer hundert Jahre komplexer Psychiatriegeschichte mit all den hochakademischen Analysen über Freiheit, Umgang mit Impulsen und Triebaufschub. Schließlich sagt er zu Herrn K: »Drehen Sie sich einfach nicht mehr um.«

Alfons K. hat offenbar noch nicht die Stufe der Agape erreicht. Noch immer fühlt und handelt er aus dem Bauch heraus. Es gibt andere Frauen, die er attraktiv findet, und es gelingt ihm nicht, seine Bauchgefühle zu unterdrücken. Doch er möchte sich nicht eingestehen, dass der Fehler bei ihm liegt. In Form einer klassischen Verdrängung schiebt er das Problem auf die Ehe. Irgendwas kann nicht stimmen, sonst würde er sich nicht falsch verhalten.

Herr K. vergisst, dass es mit den Jahren zunehmend hübsche, junge Frauen geben wird, auf die sein Bauch anspringt und dessen Impuls er verneinen kann, wenn er seiner Frau treu sein will. Er vergisst, dass dieses Bauchinteresse normal und ein Zeichen körperlicher Gesundheit ist – er aber um eines höheren Gutes willen befähigt ist, sich mit dem Herzen gegen dieses Bauchinteresse zu entscheiden. Herr K. allerdings erwartet vom Bauch, dass er von selbst die schönen Frauen ausblendet, sozusagen leicht und mühelos.

Herr K. irrt und gleichzeitig irrt er nicht. Er irrt in seinem Bedürfnis nach Mühelosigkeit: Treue ja, aber sie darf nichts kosten. Es stimmt, dass eine eingeübte Haltung der absoluten Treue, die schon bei den Blicken beginnt, irgendwann mühelos wird. Dann nimmt man die attraktive Frau zwar wahr, aber die Bauchgefühle »wissen«, wie sie damit umgehen müssen. Es kommt innerlich zwischen den drei Instanzen nicht mehr zur Diskussion. Doch das ursprüngliche Einüben dieser Haltung der Treue bedarf einiger Mühe, weil viele junge Frauen natürlicherweise attraktiv sind. Und das ist Herrn K. ein Dorn im Auge – die Mühe, sein Verhalten zu ändern, nicht die Schönheit der Frauen.

Der zweite Irrtum des Herrn K.: Er missversteht den Eros als permanente Liebesform. Denn der Eros hat nur Augen für die Geliebte, er kann an nichts anderes denken. Übrigens auch während der Arbeit. Eros ist aber das anfängliche Verlieben, nicht die große (permanente) Liebe. Es ist ein großer Irrtum unserer Hollywood-Zeit, dass Eros immer und konstant präsent und dominant bleiben kann. In Wirklichkeit kommt und geht Eros wie es ihm gefällt, besonders bei Menschen, die miteinander in wunderschöner, großer Liebe alt werden. Doch darüber produziert Hollywood keine Filme, denn es verkauft sich nicht.

Was Herr K. nicht erkannt hat, ist, dass Liebe eine tägliche Bestätigung erfordert. Er hat sich bei der Heirat für seine Frau entschieden. Nun liegt es an ihm, jeden Tag aufs Neue diese Entscheidung zu bestätigen. Die Agape macht genau das möglich. Die Tugenden können dabei helfen. Das Einüben des richtigen Verhaltens und des richtigen Maßes hilft dabei, den eigenen Trieben nicht ausgeliefert zu sein.

In unserer heutigen Welt vermeiden viele Menschen Zugeständnisse und erhoffen sich dadurch, frei zu bleiben: »Ich weiß nicht, wie ich in zehn Jahren fühlen werde, ich kann dir keine ewige Liebe versprechen«, heißt es da etwa. Doch wahre Freiheit, Befreiung von eigenen Zwängen und Ängsten, kann nur durch

Selbstaufgabe erreicht werden – in der Selbstschenkung an das Du.

Beispielhaft gesprochen endet der Eros mit einem äußerlich entstellenden oder einschränkenden Unfall. Doch Philia bleibt, denn man kann auch im Rollstuhl Museen besuchen und intensive Gespräche führen. Aber die Philia ist auch endlich, wenn der Geist des anderen in Mitleidenschaft gezogen wird. Nur die Agape bleibt beim Geliebten, der eine Demenz entwickelt oder nach einem Unfall im apallischen Syndrom dahindämmert. Für Menschen ohne Einblick in die Schicksale anderer (wie es etwa Ärzte oder Seelsorger haben) ist es schier unglaubwürdig oder sogar töricht, zu glauben, was die Agape vermag. Aber die schenkende Liebe schenkt eben ohne Berechnung, ohne Effekthascherei, ohne die applaudierende Wertschätzung einer oberflächlichen, *woken* Gesellschaft.

Wahres Glück liegt im Glück der geliebten Person. Es ist nicht ichbezogen, es ist das Gegenteil narzisstischen Glücks, das stets nur erhalten möchte, aber nie geben will.

In der Agape ist man in der Lage, zu verzeihen und zu vergeben. Sie hält die Beziehung zusammen, und dieser Halt gibt Sicherheit. Sich frei zu fühlen ist nur möglich in der Geborgenheit der Agape. Alle anderen Anflüge von Freiheit sind kurzlebig, illusorisch, Taschenspielertricks des Bauches, der uns stets dem nächsten flüchtigen Glück nachjagen lässt, damit wir bloß keine Gelegenheit haben, mit dem Kopf zu reflektieren und mit dem Herzen zu entscheiden.

Die Agape hat normalerweise keine Schwierigkeiten, eine Lustbefriedigung abzulehnen im Hinblick auf das dauerhafte Glück. Aber selbst, wenn es ihr schwerfällt, tut sie es. Und wenn sie ihrem eigenen Wesen kurz untreu werden sollte, kommt sie bald reumütig zurück. Die Agape ist auch nicht perfekt – aber sie bleibt. Agape ist der Dienst an einem anderen Menschen um seiner selbst willen. Sie ist Selbstaufgabe und Hingabe an die geliebte Person. Natürlich ist Agape im besten Fall symmetrisch, sodass jeder an den anderen denkt. So ist auch an jeden gedacht, aber auf ganz andere Weise, als wenn jeder an sich selbst denkt.

Die Agape kann im Gegensatz zum Eros verzeihen und vergessen, trotz tiefer Einsicht in die Schuld des anderen. Sie kann über ihren Schatten springen, bei einem Fehler auch einmal nicht so genau hinsehen.

Die Agape lässt uns für einen anderen Menschen da sein, selbst wenn dieser Mensch uns schlecht behandelt. Sie ist es, die jeden Betrug verzeiht. Es mag uns tragisch erscheinen, wenn wir einen solchen Fall sehen – eine Frau, die ihrem Mann jedes Fremdgehen vergibt und bei ihm bleibt. Oder einen Mann, der trotz der selbstzerstörerischen Tendenzen seiner Frau zu ihr hält. Ein Mensch, der bleibt, obwohl er alle Gründe hätte, zu gehen. Es gibt viele Menschen, die ihre Ehepartner in der Demenz jahrelang bis zu deren Tod pflegen, bis über die eigenen Kräfte hinaus.

Agape ist nicht umsonst die höchste Form der Liebe. Sie veredelt die anderen Stufen, verleiht Eros und Philia Beständigkeit und Stabilität. Eros kommt und geht in hohen Wellen, auf ihn kann man nicht bauen. Auch die Philia schwankt, wenn auch in niederen Wellen, etwa wenn die Kinder oder der Beruf viel Aufmerksamkeit fordern und man sich monatelang wenig austauschen kann. Was bleibt, ist die Agape, die alles zusammenhält und auch ein beständiges Wiederkehren von Eros und Philia ermöglicht.

Agape fühlt sich im Bauch nicht immer gut an. Wenn etwa der Mann in der Nacht aufsteht und die weinenden Kinder versorgt, damit seine Frau schlafen kann (oder umgekehrt), dann ist das zweifellos großartig. Aber es fühlt sich für den Mann nicht so gut an, mitten in der Nacht aufstehen zu müssen, wovon die Frau im Idealfall gar nichts mitbekommt. Von den Gefühlen aus betrachtet hat sein Handeln also eindeutig eine negative Bilanz. Und trotzdem – oder vielleicht gerade deswegen – ist es ein Beispiel für die hohe Kunst der Liebe. Von solchen verborgenen Liebensakten lebt die große Liebe. Liebe ist kein Gefühl – Liebe ist eine Entscheidung. »Liebe muss weh tun«, sagte Mutter Teresa immer wieder, die ihr Leben für die Ärmsten der Armen aufgeopfert hat.

Die Agape ist eine Form der Liebe, die weit über gefühlsblinde Romantik und begehrende Erotik hinausgeht. Sie ermöglicht wahrhafte Freiheit durch das Übersteigen der eigenen Grenzen. Meine Ängste, meine Sehnsüchte und meine Begierden fesseln mich nicht länger. In der Agape muss ich nicht täglich nach dem Aufwachen prüfen, ob ich für meine Frau noch Gefühle entdecke – wir sind ein Paar, unabhängig von meinen und deinen momentanen Gefühlen, Befindlichkeiten und Bedürfnissen.

Und ja: Die Agape ist ebenfalls die Liebe Gottes zu seinen Geschöpfen.

Kapitel Zwei: Gier

Wer erfolgreich sein will, braucht ein gutes Bauchgefühl – und vor allem einen gesunden Umgang damit. Der Bauch hilft uns, Chancen zu erkennen und Risiken einzugehen. Doch seine unreflektierten Bedürfnisse sind es auch, die uns in Versuchung führen. Gier hat viele Gesichter: Habgier, Glücksspiel, Pornografie, Drogen, Konsum, Geld, Essen, Alkohol, Internet, Handy, Computerspiele, Wertschätzung, Bewunderung, Karriere oder Sex. Für all das ist unsere materialistische, geistlose und werteverarmte Gesellschaft ein fruchtbarer Nährboden. In ihr wird unsere Gier auf Knopfdruck befriedigt. Doch ungezügelte Gier führt letztlich in den Kontrollverlust und damit in die verschiedenen Suchterkrankungen. Erst wenn wir lernen, dass innere Zufriedenheit nicht aus immer mehr Befriedigung besteht, wird es gelingen, uns besser von Zwängen und Begierden zu lösen. Dabei helfen können Gespräche in abgelegenen Benediktinerklöstern und griechischen Säulenhallen.

Die Geschichte eines Wüstlings

Es ist der Tod seines geizigen Vaters, der zugleich den Beginn von Tom Rakewells Leben markiert. Kaum hat er das Erbe eingestrichen, verlässt Tom das kahle und von falscher Armut gezeichnete Haus seines Vaters mit seiner schwangeren Geliebten Sarah Young.

Tom verliert keine Zeit, um sich von dem ererbten Geld ein neues Leben zu kaufen. Er zieht in eine schicke Londoner Wohnung, umgeben von Stallmeister, Schneider, Gärtner, Leibwächter und Geigenlehrer. Geschmacklose Bilder zieren die Wände des Salons, zu dessen Mittelpunkt Tom geworden ist. Die Menschen um ihn herum scheinen ihm ehrfürchtig ergeben, doch sind sie es nicht seiner Person, sondern allein seinem Geldbeutel. Toms Abstieg setzt schnell ein und verläuft ebenso rasant wie sein Aufstieg: Bald schon frequentiert er die zweifelhaften Etablissements des Londoner Nachtlebens, verprasst sein Geld mit Alkohol, Spielereien und Frauen. Jeder Mensch, der ihm nahekommt, bestiehlt ihn, doch Tom ist meist zu betrunken, um das zu bemerken. Womöglich möchte er auch nicht wahrhaben, dass ihm nur nahekommt, wer ihm etwas rauben will, und dass ihn jede Berührung verarmen lässt, bis ihm schließlich nichts mehr bleibt als er selbst. Wer sich dem Reichtum verschrieben hat, für den gibt es keine größere Furcht.

Während er in einer Sänfte durch London getragen wird, sucht Tom ein Finanzkontrolleur auf und erinnert ihn an den beträchtlichen Schuldenberg, den er mittlerweile angehäuft hat. Sarah Young, die in all der Zeit in Toms Nähe geblieben war, ist zur Stelle, um ihn aus dem Schuldengefängnis auszulösen. Obwohl Tom von ihr und dem gemeinsamen Kind nichts wissen will, erinnern sie ihn doch an die Zeit vor Erlangung seines Reichtums.

Kaum frei, wendet sich Tom jedoch erneut von ihr ab. Nachdem das Erbe endgültig verprasst ist, sucht er sofort nach einer neuen Geldquelle. Reichtum zu verlieren ist leicht, doch ihm zu entsagen ist ebenso schwer wie ihn anzuhäufen. Diese Entsagung muss aus einer tiefen inneren Erkenntnis kommen. Ein Privatbankrott kann dabei nicht helfen.

Tom findet diese Quelle in einer alten, reichen Witwe. Er ehelicht sie, macht allerdings bereits bei der Hochzeit der jungen Brautjungfer schöne Augen. Aber Tom hat aus seinen Fehlern nicht gelernt. Der Selbstreflektion nicht mächtig, verliert er auch dieses zweite, erheiratete Vermögen in heruntergekommenen Spelunken.

Daraufhin wird er ins Londoner *Fleet Prison* geworfen, wo man zu seiner Zeit Schuldner einsperrte, bis sie ihre Schuld abbezahlen konnten. Zuletzt landet Tom, nun völlig dem Realitätsverlust verfallen, in der berüchtigten psychiatrischen Anstalt *Bedlam*. Nur noch Sarah Young, seine einstige Geliebte und Mutter ihres Sohnes, besucht ihn, bringt ihm Suppe und trauert um ihn. Ein klassisches Motiv, das sich schon beim »Verlorenen Sohn« wiederfindet – dort allerdings mit Happy End.

Tom Rakewells tragischer Lebenswandel ist in acht Kupferstichen des britischen Künstlers William Hogarth zu sehen. Es ist der Genialität des Künstlers zu verdanken, dass er bloß acht kleine Bilder braucht, um das tragische Leben eines Mannes nachzuzeichnen. Die enorme Detailfülle lässt den Betrachter vor den Bildern verharren und fragen: Warum hat ein Mann, der so viel besitzt, trotzdem nie genug?

Die Bilderserie »A Rake's Progress« (1733-1735) war im 18. Jahrhundert ein enormer Erfolg. Tatsächlich wurden Hogarths Werke so berühmt, dass auf sein Bestreben hin das erste Copyright-Gesetz im britischen Parlament beschlossen wurde. Zu viele Menschen hatten seine Bilder kopiert, um etwas von seinem Erfolg abzubekommen.

Im England des 19. Jahrhunderts wurde die Frage nach dem richtigen Umgang mit Reichtum angesichts einer fortschreitenden Industrialisierung und dem aufstrebenden Bürgertum dann immer dringlicher.

Selten wurde Gier so eindrücklich und konsequent von Anfang bis Ende gezeigt wie in Hogarths Bildzyklus. Und sie sind aktueller denn je. Unsere materialistische Wettbewerbsgesellschaft hat in den letzten Jahrzehnten unvorstellbare Geldmengen hervorgebracht, die jedoch auf immer weniger Menschen verteilt werden. Gleichzeitig hatte dieses Wachstum einen Preis. Wir bezahlen ihn auf Raten. Jedes Jahr sind etwas mehr Feinstaubkörner in unserer Atemluft, die Temperatur nimmt zu, die Artenvielfalt verringert sich durch das Aussterben von Tieren und Pflanzen.

Und dennoch kommen wir von dem Wunsch, mehr zu besitzen, scheinbar nur schwer los.

Wie bereits der deutsche Psychologe Heiko Ernst in seinem Buch *Wie uns der Teufel reitet. Von der Aktualität der 7 Todsünden* (2006) schreibt, sind die Hauptlaster des Mittelalters – also Hochmut (superbia), Habgier (avaritia), Wollust (luxuria), Zorn (ira), Völlerei (gula), Neid (invidia) und Trägheit des Herzens (acedia) – heute geradezu erwünschte oder geforderte Eigenschaften, um in unserer Gesellschaft zu reüssieren und anerkannt zu werden. Die sieben Anfangsbuchstaben dieser Begriffe ergeben übrigens das Wort »SALIGIA«, ein im Mittelalter entstandenes Akronym für diese sieben Hauptlaster. Der Stolz – heute üblicherweise Narzissmus genannt – ist das Fundament all dieser Verfehlungen. Von den verbleibenden sechs Hauptlastern sind drei aversive Bauchversuchungen: Zorn, Neid und Trägheit. Die drei affirmative Bauchversuchungen hingegen – Habgier, Wollust, Völlerei – haben typischerweise Suchtcharakter. Wobei alle sieben miteinander zusammenhängen wie kommunizierende Gefäße.

Die affirmative Trias Habgier, Wollust und Völlerei war auch das Schicksal unseres traurigen Helden Tom Rakewell. Für diese drei Laster ist die Gier der kleinste gemeinsame Nenner: Wer gierig ist, will nichts abgeben und ist nur an dem interessiert, was er bekommen kann. Die Gier frisst sich langsam und parasitär durch all unsere Lebensbereiche. Wer zunächst nur im Beruf gierig war auf Erfolg und Geld, wird bald etwa auch im Liebesleben gierig werden. Da fließt die avaritia dann in die luxuria über. Kommunizierende Gefäße! Zuletzt verliert der Gierige den Bezug zur Realität und sieht sich zunehmend als unfehlbar an – superbia! Dann droht ein Ende wie das von Tom Rakewell.

Es ist leicht zu erkennen, dass Gier ein unreguliertes, ungeordnetes Bauchgefühl ist. Doch so sehr uns der Bauch verführen kann, so sehr benötigen wir ein auf das Gute, Wahre und Schöne ausgerichtetes Herz und einen klaren Kopf, um aus dieser Krise des seelenlosen Materialismus herauszukommen. Auf diese Weise kann ein ungeordnetes Bauchgefühl langsam und stetig in ein geordnetes, kultiviertes, tugendhaftes Bauchgefühl verwandelt werden. Dann entdecken wir in uns Instinkte und Intuitionen, die wir für ein besseres Zusammenleben nutzen können. Das eigene Herz allerdings vom Reichtum als Lebenspriorität abzubringen ist mühevolle Schwerstarbeit: *»Eher geht ein Kamel durch ein Nadelöhr als ein Reicher in das Himmelreich …«* Es wird meistens durch schmerzhafte Handlungen der Großzügigkeit erkämpft – das eigene Kapital als Dienst an der Gesellschaft. Wer sich dem Bauch völlig überlässt, so wie Tom Rakewell, wobei Rake im Englischen genauso für »Geld scheffeln« stehen kann wie für einen »Wüstling«, der wird bald Sklave seines eigenen Besitzes sein.

Hogarths Bildwelt muss uns eine Mahnung sein: Der Reichtum konnte Rakewell nicht retten. Vielmehr ist er der Grund für seinen Verfall.

Reichtum lauert überall

Im Film *Wall Street* von Oliver Stone aus dem Jahre 1987 prägte der von Michael Douglas gespielte Investmentbanker Gordon

Gekko den Slogan unserer Zeit: *»Gier ist gut.«* Für diese Worte wurde er bejubelt.

Man braucht nur einen Blick auf die globale Wirtschaft und Politik zu werfen, um sich zu überzeugen, wie sehr seine Worte verinnerlicht wurden. Unser Wirtschaftssystem ist auf einer großen Notwendigkeit aufgebaut, die uns seit Jahrzehnten als Voraussetzung für das persönliche Glück verkauft wird: Konsum. Die affirmative Trias Habgier, Wollust und Völlerei ist allgegenwärtig.

Umfragen haben ergeben, dass sich jeder Mensch in Deutschland sechzig Kleidungsstücke pro Jahr kauft. Und wir wissen ebenfalls aus Studien, dass das Zücken der Kreditkarte an der Kassa den Käufer kurzzeitig in einen Dopaminrausch versetzt, also Glückshormone freisetzt. Beim Online-Shopping ist dieser Effekt sogar noch stärker. Menschen stürzen sich in *»Buy now, pay later«*-Angebote (Kaufe jetzt, zahle später) oder in Konsumkredite, um sich Schuhe und Kleider zu kaufen, die in einem Jahr bereits aus der Mode gekommen sind und entsorgt werden, um Platz zu schaffen für den nächsten Trend.

Alles, was unangenehme Folgen aufschiebt und kurzfristiges Vergnügen verspricht, befriedigt unseren Bauch. Unser Zeitgeist bietet ihm genügend Möglichkeiten, das Ruder zu übernehmen. Wir sehen etwas, das uns gefällt, und da unsere Gesellschaft Konsum unterstützt, weil sie ihn zu ihrem Fortbestand braucht, gibt es kaum Hürden für den Bauch. Mit zwei Klicks haben wir sein leises Grummeln befriedigt. Er ist wieder still und kurzzeitig befriedigt, bis zum nächsten Abverkauf.

Doch dieses Verhalten der kurzfristigen Befriedigung ist offensichtlich nicht das, was uns glücklich macht, egal wie viel Werbung, Serien und Social-Media-Blogs uns das versprechen.

Seit Jahren sehen Psychiater bei vielen ihrer Patienten, wie sie Wert und Sinn verwechseln und dadurch immer unglücklicher werden.

Fall 6: Krypto-Millionen

Klaus M. kommt in die Praxis, weil er sich depressiv fühlt. Er ist zwar erst 27, ein junger und gesunder Mann, doch nichts macht ihm mehr Freude, das Aufstehen fällt ihm schwer, und er entfremdet sich zunehmend von seinen Freunden und Bekannten.

Das Problem ist laut Herrn M. offensichtlich: »Ich habe vor Kurzem einige Millionen verloren.« M. erzählt, dass er während des Social-Media-Booms mit klugen Investments viele Millionen verdient hat. Doch durch Zockerei an der Börse hat er einige Millionen davon wieder verloren. Gemessen am Durchschnittseinkommen ist Herr M. jedoch noch immer sagenhaft reich.

Als der Psychiater ihn darauf anspricht, gibt Herr M. zu: »Ich weiß, dass ich noch immer reich bin. Aber ein paar Millionen zu verlieren, das tut doch jedem weh.«

Der Psychiater hakt nach. Hatte er vorgehabt, das Geld zu investieren? Benötigte er es für eine neue Geschäftsidee? Hat er Schulden, die er zurückzahlen muss? Oder wollte er es seinen Kindern vererben?

Doch Herr M. schüttelt nur den Kopf. Er hat weder Kinder noch Schulden, auch Geschäftsideen gibt es nicht. Schließlich gibt er zu, dass er nicht weiß, was er mit dem Geld machen wollte.

»Aber ich hatte es«, sagte Herr M., »und jetzt habe ich es nicht mehr. Das ist doch schlecht!«

In den nächsten Sitzungen erzählt Herr M. seinem Psychiater ein wenig mehr von sich. Der Psychiater erfährt, dass er schon sehr früh das Potenzial der sozialen Netzwerke erkannt hat. So entdeckte er die Möglichkeit, mit einem gut platzierten Investment reich zu werden. Gearbeitet hat er davor oder danach nicht.

»Wofür denn?«, fragt er den Psychiater. »Ich habe doch genug Geld.«

Er müsse doch nicht wegen des Geldes arbeiten, wirft der Psychiater ein. Er könne doch einfach etwas tun, das Sinn stiftet. Er könne auf die Suche gehen nach seiner Berufung: Auf welchen Platz stellt ihn das Schicksal, das Leben? Was ist seine Aufgabe, sein Beitrag für die Gesellschaft, für die Welt?

Nachdenklich wiegt Herr M. den Kopf. »Ich weiß gar nicht wirklich, was Sinn macht«, gibt er schließlich zu.

Damit wird das eigentliche Problem von Klaus M. klar: Nicht das verlorene Geld fehlt ihm. Vielmehr ist es der Sinn, der ihm fehlt. Er kann noch so viel Geld besitzen – wenn er nicht weiß, was er damit anfangen soll, wird er unglücklich sein. Herr M. denkt, in einem Beruf oder bei einem Geschäft ginge es bloß um Wert. Darum, Geld zu verdienen. Das hat er tatsächlich nicht mehr nötig. Doch er übersieht, dass es darum geht, seinem Tun Sinn zu verleihen. Besser formuliert: zuerst den Sinn zu suchen, die Transzendentalien, und dann entsprechend zu handeln.

Wer den Film *The Wolf of Wall Stree*t (2013) mit Leonardo DiCaprio als gewissenloser Broker Jordan Belfort gesehen hat, weiß, zu welchem Exzess schneller Reichtum führen kann. Der Film zeichnet sich durch seine unglaubliche Geschwindigkeit aus: Sequenzen werden in Sekundenschnelle aneinandergeschnitten, die Atmosphäre ist schrill, bunt und laut. Damit kommt Regisseur Martin Scorsese dem Zustand der Gier sehr nahe: Es ist wie ein Rausch, der den Süchtigen nach vorne treibt, und es ihm unmöglich macht, stehenzubleiben, Luft zu holen und sich seine Lage zu vergegenwärtigen. Die affirmative Trias Habgier, Wollust und Völlerei spielt auch hier eine dominante Rolle.

In den letzten Jahren hat das Thema von Kryptowährungen wie Bitcoin den Finanzmarkt beherrscht. Dabei reiht sich dieses Phänomen nahtlos in die Reihe der sinnlosen Finanzprodukte ein, deren einzige Aufgabe es ist, einige wenige durch die Gier der Masse reich zu machen. Mit dem Versprechen, durch Anonymität Sicherheit zu gewährleisten, haben nicht wenige Menschen ihr ganzes Ersparnis in diversen Bitcoin-Crashs verloren und wissen nicht einmal, wohin ihr Geld verschwunden ist.

Wirtschaftliches Denken wird in unserer Gegenwart als höchstes Gut geschätzt. Am besten sollten Kinder bereits in der Volksschule die Regeln der Börse kennenlernen und bald darauf ihre ersten Investitionen tätigen. Obwohl es niemandem schadet, über wirtschaftliche Grundkenntnisse zu verfügen, vergessen wir dabei eine fundamentale Wahrheit, die essenziell für die psychische und seelische Gesundheit ist: Menschen sind selbsttranszendente Wesen. Sie können sich auf das Wahre, Gute und Schöne ausrichten. Auf einen Sinn hin.

Seit wir Bewusstsein entwickelt haben, suchen wir nach dem Sinn, der Bedeutung für unser Dasein und für unser Handeln. Doch unser kapitalistisches Wirtschaftssystem hat Sinn durch Wert ersetzt. Nun glauben viele Menschen, sie müssten nur genug Geld verdienen, und der Sinn würde sich dann schon von alleine einstellen. Die Illusion der Selbstverwirklichung (des Bauches) flüstert uns ein, dass wir bloß blind vor uns hinarbeiten müssen, bis wir irgendwann genug Geld verdient haben, um uns zurücklehnen und das Leben genießen zu können. Zu spät wird uns bewusst, dass wir nie »genug Geld« haben können. Dann sind wir in einem Hamsterrad gefangen.

Wir vergessen, dass wir Sinn nicht isoliert finden, sondern stets nur im Miteinander. Und im Blick nach oben. Menschen entdecken das langsam wieder, mit Konzepten wie der Sharing-Economy oder dem Wunsch, einen Dienst an der Gemeinschaft zu verrichten. Es sind diese Tätigkeiten, die uns Bedeutung geben, uns mit Zufriedenheit erfüllen.

Dennoch fällt es vielen Menschen schwer, ihr Geld nicht überstürzt in »todsichere« Geschäfte zu investieren. Der Bauch ist gierig, wägt nicht ab, ist nicht rational, denkt nicht zweimal nach. Wenn ihm im Internet jemand verspricht, über Kryptowährungen, Aktien oder sogar durch krumme Geschäfte wie Wettbetrug schnelles Geld machen zu können, dann will er sofort auf den Zug aufspringen. Es scheint so einfach: Bloß ein wenig von unserem Geld investieren und ohne einen Finger rühren zu müssen, wird es sich magisch vermehren. Wenn wir noch etwas mehr investieren, dann bekommen wir umso mehr zurück. Der Motor der Motivation ist die Gier. Gier macht unkritisch, Gier macht blind. Investieren ist einfach, wir müssen bloß ein paar Tasten auf unserem Smartphone drücken. So einfach sogar, dass wir gar nicht merken, wie unser Geld langsam verschwindet.

Auf diese Art machen wir tatsächlich jemanden reich, bloß nicht uns selbst. Bei solchen Manövern reagiert der Bauch, ohne den Kopf oder das Herz überhaupt einzuschalten. Viele Menschen verstehen nichts von Aktien, und dennoch investieren sie. Das ist so, wie ein Auto zu kaufen, ohne einen Führerschein zu besitzen. Fast täglich lesen wir, dass wieder Trickbetrüger mit einem absurden Versprechen jemandem einen fünf- bis siebenstelligen Betrag abgeknöpft haben. Die Quintessenz all dieser Verbrechen: Die Gier des Opfers hat es blind gemacht. Und oft richtig dumm. Die große Verführerin hierbei ist das schnelle, mühelose Geld, das den Bauch triggert. Der Bauch liebt die mühelose Bereicherung, die kurzfristige Gratisbefriedigung. So werden Lustmaximierung (Geld) und Unlustvermeidung (Mühe) kombiniert – für den Bauch ein doppelter Anreiz.

Anatomie der Sucht

Ungezügelte Gier wird zu grenzenloser Lustmaximierung. In dieser radikalen Form kann Gier zur Sucht werden. Dabei ist das Objekt der Sucht bloß ein Substitut, also ein Ersatz. Ob wir nach Glücksspiel, Pornografie, Drogen, Konsum, Geld, Essen, Alkohol, Internet, Handy, Computerspielen, Wertschätzung, Bewunderung, Karriere oder Sex gieren, ist dabei zweitrangig. Der Suchtkranke ist ganz Bauchmensch und verliert die Kontrolle über sich und sein Verhalten. Er schlittert immer mehr in eine völlige Unfreiheit. In der kurzfristigen Befriedigung seiner Sucht gelingt es ihm, zu verschwinden. Er verliert sich im Rausch. Doch was ist es, das ersetzt wird? Und wie können wir gegen Suchterkrankungen ankämpfen?

Sucht beginnt mit der Versuchung. Der Begriff »Versuchung« ist ein schönes Wort in der Psychologie. Denn es beschreibt eine Neigung des Bauches, die der Mensch mit seinen Werten (also mit seinem Herzen) nicht gutheißt. Der Begriff allein zeigt, dass wir mehr sind als unser Bauch.

Dieses Prinzip der überstarken Versuchung können wir bereits bei Kleinkindern beobachten. Wie bereits erwähnt, sind Kinder stark bauchgetrieben. Sigmund Freud schrieb sogar, der Neugeborene sei reiner Bauch – in seiner Sprache: reines »Es«. Kleinkinder sind noch nicht in der Lage, ihr Handeln zu reflektieren, und lassen sich von ihren spontanen Bedürfnissen leiten. Es gibt zahlreiche Experimente, in denen Süßigkeiten vor Kleinkindern platziert werden. Man versucht dann, die Kinder mit rationalen Argumenten davon abzuhalten, diese zu naschen. Man sagt ihnen etwa, wenn sie sich jetzt kein Bonbon nehmen, bekommen sie später zwei Bonbons. Oder man erklärt ihnen, dass zu viele Süßigkeiten ungesund sind. Es gibt Menschen, die bereits von klein auf diszipliniert sind, doch im Regelfall helfen diese Überredungsversuche nicht. Denn Kleinkinder sind selten zugänglich für abstrakte, rationale Argumentation. Sie sehen die Süßigkeit in diesem Moment vor sich, und sie greifen zu. Sie haben noch keinen Begriff davon, welche Konsequenzen dieses Verhalten für die Zukunft haben könnte. Sie betrachten diese Handlung isoliert. Und die Handlung allein bereitet ihnen Lust. Immerhin schmeckt das Bonbon wunderbar süß. Mit den Jahren entwickeln die Kinder dann die Fähigkeit zum *Triebaufschub* und zur *Frustrationstoleranz* – vorausgesetzt, die Eltern sind bereit, Erziehungsarbeit zu leisten und ihr Kind nicht durch ständige und sofortige Befriedigung zu verziehen.

Suchtkranke Menschen haben mit den Kleinkindern eines gemein: Sie haben die Fähigkeit verloren, sich von ihren Bauchbedürfnissen zu distanzieren und sie kritisch zu reflektieren. Nicht wenige von ihnen hatten übrigens Eltern, die ihnen in der Kindheit alle Wünsche erfüllt hatten. Sie leben kurzfristig, von der Hand in den Mund, und ignorieren die Langfristigkeit. Viele Suchtpatienten beschreiben sich zudem als »wehleidig«. Damit meinen sie, dass sie der Versuchung nicht widerstehen können. Dass sie sich dem Schmerz des Nicht-Befriedigens nicht stellen können. Sie halten sich für »schwach«, für »nicht stark genug«, um von der Sucht loszukommen.

Dabei ist der Suchtkranke nur ein radikales Bild für unsere eigene Existenz. Wie häufig geben wir alle wehleidig einer Versuchung nach? Für den einen ist es die Schokolade, für den anderen die Internetpornografie, für den Dritten sind es vielleicht Energydrinks, Computerspiele oder eine Affäre. Weil unsere Vernunft und unsere Beherztheit nicht ausreichen, um der Versuchung großräumig aus dem Weg zu gehen. Wer die Küche mit Süßigkeiten vollstopft, wird sich schwerer tun, abzunehmen als jemand, der keinen Zugriff auf all diese Dinge hat. Gelegenheiten zu meiden ist das große Gebot der Klugheit. Tapferkeit und Maß setzen es beherzt um.

Fall 7: Der große Schlaf

Simon K. ist 27 und seit vier Jahren süchtig nach Cannabis.

»Mittlerweile rauche ich zwei bis drei Joints pro Tag«, erzählt er. »Ich brauche starken Tabak, um etwas zu fühlen. Ich möchte zwar aufhören, aber kaum habe ich ein wenig Stress, greife ich zu Marihuana, um mich zu beruhigen. Wenn mich diese dumpfe Losgelöstheit umfängt, fühlt sich alles so einfach und leicht an. Doch wenn ich langsam wieder nüchtern werde, merke ich, dass ich einen ganzen Tag im Bett verbracht habe. So verpasse ich mein ganzes Leben!«

Herr K. hat den ersten, wichtigen Schritt schon allein geschafft. Er hat erkannt, dass die Versuchung des Bauches, nämlich die kurzfristige, dumpfe Leichtigkeit, den Werten entgegenstehen, die ihm sein Herz eingibt. Er möchte mehr vom Leben haben und nicht bloß im Bett versauern.

Der Psychiater fragt, wie er denn an das Marihuana kommt.

»Mittlerweile baue ich im Garten selbst was an«, verrät Herr K. »Ich weiß zwar, dass das illegal ist, aber das Haus meiner Eltern liegt sehr abgelegen. Weder meine Eltern noch meine Nachbarn merken etwas. Damit ist es günstiger und außerdem ist der Stoff dann immer sauber.«

Der Psychiater stellt eine Bedingung für die Therapie: Herr K. muss alle Marihuana-Pflanzen entsorgen.

Zuerst reagiert Herr K. empört. »Wissen Sie, wie viel Zeit und Geld mich das gekostet hat? Das hat einen großen Wert!«

Herr K. muss sich entscheiden: Will er clean werden oder nicht? Schließlich willigt er ein. Wenige Tage darauf schickt er dem Psychiater sogar ein paar »Beweisfotos«, die zeigen, wie er die Pflanzen entsorgt.

Einige Wochen später kommt Herr K. in die Therapie. Langsam bessert sich sein Zustand.

»Ich bin viel aktiver«, sagt er. »Mittlerweile sehe ich einige Dinge völlig anders. Als wäre ein Schleier weggenommen worden. Ich gehe wieder mehr raus, treffe Freunde, helfe meinen Eltern im Garten. Ich habe ganz vergessen, wie es ist, über solche Dinge nachzudenken!«

Doch nach ungefähr zwei Monaten erfährt Herr K. einen Rückschlag. Aufgelöst betritt er das Zimmer des Psychiaters.

»Gestern hatte ich einen Rückfall«, sagt er und klingt beschämt. »Ich hatte Schwierigkeiten mit einer Frau. Irgendwann wusste ich nicht weiter, dann bin ich in mein altes Muster verfallen und habe mir einen Joint angezündet.«

Woher er den Joint hatte?

Herr K. drückt herum. »Ein paar Notfall-Joints habe ich mir in einer kleinen Kiste aufgehoben«, gesteht er schließlich. »Falls es ganz schlimm werden sollte.«

Keine Notfallpläne mehr, sagt der Psychiater. Wenn man von einer Sucht wirklich befreit werden will, muss man auch die letzte Brücke abbrechen. Herr K. verspricht, sich von Marihuana ab nun so fern wie möglich zu halten.

Für Simon K. sind Bauch und Herz in ständigem Kampf. Der Bauch will die Joints rauchen, das Herz will ein aktiveres Leben. Das Herz setzt sich mühsam durch, doch der Bauch ist noch nicht völlig besiegt: Er lässt eine kleine Hintertür offen, durch die sich die Sucht mit leisen Sohlen hereinschleichen kann, wenn gerade niemand aufpasst.

In vielen Fällen ist es nicht gut, aktiv auf Vermeidungskurs zu gehen. Im nächsten Kapitel etwa, wenn es um Angsterkrankungen geht, muss man sich seinen Ängsten stellen. Doch Ängste verursachen Unlustvermeidung. Bei der Lustmaximierung hingegen ist das kluge Meiden jeder Gelegenheit der wichtigste Teil der Therapie. Es ist ein Ausdruck meiner eigenen Freiheit, dass ich das meide, was mich unfrei macht. Und der Klugheit. Klug deswegen, weil der Kopf einschätzen können muss, ab wann der Bauch kippt.

Nach dem Motto »*Wehret den Anfängen*« muss man sein Leben so gestalten, dass man möglichst nicht in Versuchung gebracht wird. So wie man kleine Kinder nur davon abhalten kann, Süßigkeiten zu essen, indem man die Süßigkeiten an einem unerreichbaren Ort aufbewahrt, so kann der Süchtige nur von seiner Sucht loskommen, indem er die Gelegenheit meidet. Für einen Cannabissüchtigen wie Herrn K. bedeutet das, alles wegzuwerfen, was ihn in Versuchung führen könnte. Es bedeutet auch, sich von Freunden fernzuhalten, die ihn verleiten könnten.

Bei einem Pornosüchtigen mag das bedeuten, sich auf eigene Initiative explizite Webseiten sperren zu lassen. Alkoholiker lagern besser keinen Alkohol im Haus und meiden Bars. Bereits nach einigen Wochen oder Monaten – bei manchen Süchten auch erst nach Jahren – wird es gelingen, sich etwas von der Sucht zu distanzieren. Man sieht dann die Welt mit anderen Augen, nimmt sich und seine Umgebung anders wahr. Erst nach einiger Zeit der Abstinenz kann man beginnen, in einen Reflexionsprozess einzutreten. Das wird verhindert, wenn man immer wieder rückfällig wird, weil einen die Sucht an der kurzen Leine hält.

Bereits vor langer Zeit haben die Religionen diesen Zusammenhang erkannt. Die jüdischen, christlichen und islamischen Fastenzeiten etwa sind Zeiten der Reinigung. Durch Verzicht und Vermeidung gewinnt der Mensch Abstand und ist in der Lage, klarer über sich selbst nachzudenken.

Dabei ist Fasten natürlich nicht nur auf Essen beschränkt: Wir sollten versuchen, von allem abzulassen, was unser Bauch zwar begehrt, unser Kopf aber für unvernünftig und unser Herz für schlecht befindet. Denn geben wir dem ungeordneten Begehren immer mehr nach, dann verlieren wir nach und nach unsere

Freiheit, und irgendwann sind wir nichts anderes mehr als eine hilflose Nussschale im aufgewühlten Meer der Bedürfnisse und Begierden.

Sucht ist eine ins Äußerste getriebene Gier. Dabei gibt es viele verschiedene Ausprägungen und Formen der Sucht. Manche davon sind so gesellschaftlich akzeptiert, dass sie kaum als Sucht wahrgenommen werden. In Österreich trifft das auf den Alkoholismus zu, der gerne verharmlost wird. Doch besonders gilt das für die Gier nach Reichtum.

Im Gegenteil, das Streben nach Geld wird mittlerweile auf der ganzen Welt als vernünftig und wünschenswert betrachtet. Dabei verhält es sich damit genauso wie mit jeder anderen Sucht: So wie der Sexsüchtige niemals wahre Liebe erfahren wird, solange er in seiner Sucht feststeckt und von einem Bordell zum nächsten eilt, oder der Drogensüchtige nie einen Moment reinen, ungetrübten Glücks erleben kann, so müssen manche Menschen unsagbare Reichtümer anhäufen, um herauszufinden, dass man die wichtigsten Dinge auf dieser Welt nicht kaufen kann.

Was wir besitzen, besitzt irgendwann uns

Der vom Herzen geprägte Bauch kann hierbei zu einem wichtigen Verbündeten werden. Unsere Intuition kann uns etwa dabei helfen, Geschäftspartner richtig einzuschätzen. Habe ich es mit einem ehrlichen Partner zu tun, der weiß, wovon er redet? Oder will mir mein Gegenüber nur etwas verkaufen und sich dann so schnell wie möglich absetzen? Oftmals kann unser Bauch einen guten ersten Eindruck liefern. Doch wir müssen vorsichtig sein, dass unsere Gier nach Erfolg die Störgeräusche nicht übertönt. Der Bauch ist ein zutiefst widersprüchlicher Einflüsterer: Er traut dem Gegenüber nicht, doch er möchte schnell reich werden. Mitunter übertönt seine Gier nach Geld unsere vernünftigen Bedenken. Hier ist der Bauch – wie so oft – gespalten: einerseits aversiv (Misstrauen gegenüber dem Geschäftspartner), andererseits affirmativ (Gier nach Profit). Entscheiden muss wie immer das Herz – nach ausführlicher Analyse des Kopfes.

Der Bauch ist auch ein wichtiger Motor der Innovation. Manchmal muss man ein Risiko eingehen, egal ob im Beruf oder im Privatleben. Neue Ideen und spontane Einfälle sind Sache des Bauches. Er liefert sie uns und möchte sie sogleich umsetzen. Doch genau zwischen diesen beiden Phasen benötigt es eine Vermittlung. Nicht jede unserer Ideen ist eine Goldgrube. Und nicht jedes Risiko ist es wert, eingegangen zu werden.

Womit wir beim Kopf wären. Der Kopf kann Risiken kalkulieren und Ideen prüfen. Er kann recherchieren, Für und Wider abwägen, uns dabei helfen, uns selbst zu hinterfragen. Wer es schafft, mithilfe seines Herzens die Impulsivität des Bauches zu zügeln und den Kopf dazwischenzuschalten, der wird womöglich feststellen, dass er von Aktien und Kryptowährungen wie Bitcoin keine Ahnung hat und daher nicht investieren sollte. Oder er wird feststellen, dass die Risiken weit größer sind als die möglichen Erträge.

Fall 8: Nicht genug Millionen

Frederick M. sucht den Psychiater auf. Herr M. ist ein distinguierter, älterer Herr, gut gekleidet und vornehm. Das graumelierte Haar verleiht ihm eine gewisse Würde. Obwohl er beherrscht und sicher in seinem Auftreten wirkt, benötigt er einige Zeit, bis er auf sein

Problem zu sprechen kommt. Offenbar ist es ihm unangenehm, ein solches Eingeständnis vor dem Psychiater machen zu müssen.

»Ich habe mein Leben lang hart gearbeitet«, sagt er. »Ich habe dabei ein Imperium aufgebaut, das sich sehen lassen kann. Ich habe etwas geschafft und bin stolz darauf. Nun bin ich achtzig Jahre alt und fürchte, meine Kinder können das alles nicht schätzen.«

Probleme mit den Kindern also. Der Psychiater fragt nach, wie sich diese äußern.

»Sie sind ständig undankbar!«, klagt Herr M.

»Sie wollen meine Firma nicht übernehmen und haben keine Interesse daran, in das Familiengeschäft einzusteigen. Alles, was sie interessiert, ist das Geld. Als wir das letzte Mal darüber sprachen, wie viel ich ihnen vererben werde, sagte eine meiner Töchter doch tatsächlich verärgert zu mir: »Wieso nur fünf Millionen?!«

Nur fünf Millionen. Ein starker Satz.

Ob er sich erklären könne, woher diese Undankbarkeit kommt?

»Das ist mir unerklärlich«, meint Herr M. »Ich selbst habe stets bescheiden gelebt und viel gearbeitet.«

Wie das denn damals war, fragt der Psychiater, als seine Söhne und Töchter noch Kinder waren. Ob er denn oft mit ihnen etwas unternommen hätte?

»Na ja ...« Herr M. wird nun etwas nachdenklicher.

»Wir hatten Kindermädchen. Für die Kinder war immer gut gesorgt! Aber ich selbst konnte nicht so oft zu Hause sein. Von zu Hause aus baut man kein Imperium auf! Wie hätte ich das alles schaffen können, wenn ich ständig daheim bei meinen Kindern gewesen wäre?«

Nun offenbart sich, woher die Undankbarkeit der Kinder kommt. Herr M. hat ihnen nie etwas anderes gegeben als Geld – kein Wunder also, dass sie ihn vor allem an Geld messen. Das entschuldigt nicht das Verhalten seiner Kinder, die es mittlerweile, als Erwachsene, besser wissen könnten. Aber es ist eine Erklärung dafür. Es geht nicht nur um Undankbarkeit, sondern auch um die Zeit, die sich Herr M. für seine Kinder nie genommen hat und die sich ihm deshalb entfremdet haben.

Unsensible Kopfmenschen wie Herr M. neigen oft dazu, alles beiseitezuschieben, was nicht dem Geschäft dient. Da wird schon mal der Geburtstag des eigenen Kindes vergessen, wenn ein wichtiger Deal ansteht. Kopfmenschen tendieren auch zu geizigem Verhalten, weil sie jede Ausgabe dreimal durchrechnen und nur das Wenigste für nötig erachten.

Da menschliche Wärme nicht zählbar ist, tun sich Kopfmenschen damit oft schwer. Die schwarzen, leblosen Zahlen in ihren Bilanzen sind ihnen vertrauter als das Gefühlsleben ihrer Mitmenschen, denn diese können sie leichter verstehen und durchschauen.

Solche Rationalisten können es zu großem Reichtum und Einfluss bringen, doch sie zahlen dafür einen Preis, der sich nicht in Geld ausdrückt und von ihnen deswegen lange nicht erkannt wird. Sie opfern unbewusst und ungewollt dafür meist die Menschen, die ihnen am nächsten stehen. Herr M. ist zudem wahrscheinlich ein Perfektionist. Der Aufbau seiner Firma ist für ihn eine Leistung, für die er geliebt werden will. Perfektionisten glauben, dass sie nur für eine erbrachte Leistung geliebt werden können – am besten für eine perfekte Leistung. Wo der Perfektionist etwas kann, da fühlt er sich wohl, da ist er jemand. Aus diesem Grund ist Herr M. blind einem Teilziel nachgelaufen

(Firma vergrößern, um noch mehr geliebt zu werden), statt sich um seine Familie zu kümmern.

Ein solches Leben ist nicht erfüllend. Es kreist bloß so vollständig um die Arbeit, dass es das Fehlen des Sinns nicht bemerkt. Doch irgendwann erreicht man einen Punkt, an dem man sein gesamtes Leben nicht mehr der Arbeit widmen kann und will. Dann möchte man das Imperium, das man aufgebaut hat, mit jemandem teilen. Man blickt sich um und stellt fest, dass jeder Mensch, den man einmal um sich hatte, verschwunden ist. Und das Imperium entpuppt sich als eine römische Ruine, mächtig, imposant und doch ohne Zukunft.

Streiten sich zwei Mönche

Wie entgehen wir also diesem Schicksal? Wie gelingt es uns, zwischen notwendiger Absicherung der Familie und bauchgetriebener Gier zu navigieren, Besitz anzuhäufen, aber uns nicht von ihm besitzen lassen? Etwas zu tun, das uns nicht bloß Wert, sondern Sinn gibt? Und das es uns ermöglicht, unsere Familie zu versorgen, ohne uns von ihr zu entfremden?

Vielleicht finden wir die Antwort in den kühlen Arkadengängen eines winterlichen Klosters auf einem norditalienischen Berg. Nebel steigt an den Zinnen der Außenmauer empor, die Fackeln erhellen die Gänge in der Dunkelheit des frühen Morgens. In der Mitte der Abtei ragt ein hoher Turm in den Himmel. In ihm befindet sich eine der umfangreichsten Bibliotheken des Mittelalters.

Diese Benediktinerabtei ist Schauplatz von Umberto Ecos Buch *Der Name der Rose,* das 1980 erschien. Es war Ecos erster Roman. Eigentlich war der Italiener von Beruf Philosoph, was schon einmal nicht besonders spannend klingt. Noch dazu war sein Spezialgebiet die Semantik, die sich mit komplizierten und nicht selten langatmigen Untersuchungen von Wortbedeutungen beschäftigt. Nun hatte er einen dicken Wälzer geschrieben, dessen Handlung im 14. Jahrhundert spielt und dessen Hauptfiguren Mönche sind. Mit historischen Fakten hat er es nicht immer ganz genau genommen. Selbstverständlich wurde es ein Weltbestseller.

Dabei half sicherlich, dass im Vordergrund eine geheimnisvolle Mordserie steht, die sich in dem Benediktinerkloster ereignet. Aber wer etwas genauer hinblickt, erkennt, dass die Kriminalgeschichte nur einen kleinen Teil des Buches ausmacht. Tatsächlich sind für die Mönche andere Themen viel wichtiger als die Suche nach dem Mörder. Die zentrale Frage, um die es in »Der Name der Rose« eigentlich geht, ist die nach der Vita apostolica, also dem apostolischen Leben. Vereinfacht ausgedrückt: Wie arm soll die Kirche sein – oder wie reich darf sie sein?

Tatsächlich war das eine der brennendsten Fragen des Mittelalters. »Brennend« in mehrfachem Sinn: Nicht selten endete der Streit um diese Frage in blutigen Aufständen. In Ecos Buch diskutieren Vertreter des Papstes Johannes XXII., Franziskaner und Benediktiner über die Verlockungen des Reichtums. Von den drei Ordensgelübden, die jeder Mönch beim Eintritt ins Kloster leisten muss, und die ihn zu Armut, Keuschheit und Gehorsam verpflichten, war in dieser Zeit, bedingt durch die teilweise radikalen aufkommenden Bettelorden, keines so umkämpft wie die Armut. Schon die mittelalterlichen Theologen wussten: Nichts korrumpiert so stark wie Besitz und Eigentum.

Für die Figuren von Ecos Roman gilt es also ein Rätsel zu lösen, das viel größer ist als die klassische Suche nach einem Täter.

Sie versuchen herauszufinden, wann der Mensch denn genug hat, um ein gottgefälliges Leben führen zu können.

Die Mönche, so viel sei hier verraten, können dieses Rätsel nicht endgültig lösen. Doch es gibt eine Möglichkeit, Materialismus, Gier und Besitzdenken zu kontrollieren und sie davon abzuhalten, unser Leben zu bestimmen. Dafür müssen wir uns selbst befragen: Wann habe ich genug? Das Problem kann nur das Herz lösen – nicht das Gefühl. Denn das Herz fragt nach dem Guten. Hier stellt sich jetzt die Frage nach der Hierarchie der eigenen Werte, die wir im Herzen tragen: Welche Werte sind mir wichtiger als die Sparsamkeit? Habe ich überhaupt andere Werte? Wir erinnern uns: Tugend ist immer die Mitte zwischen zwei Extremen. Eine übertriebene »Tugend«, etwa die Sparsamkeit, die keinen Zusammenhang mit anderen Tugenden mehr hat, ist also keine Tugend mehr, sondern ein Laster. Hier hilft als Korrektiv besonders die Tugend des Maßhaltens, die uns befähigt, unsere natürliche Tendenz zur Lustmaximierung in gesunde Bahnen zu lenken. Das tugendhafte Herz »mäßigt« die Gier des Bauches.

Der Bauch zielt nach Lustmaximierung, doch er kann uns nicht sagen, ob diese gut oder schlecht für uns ist. Es fühlt sich »gut« an, ist es oft aber nicht. Der Bauch ist auf Kurzfristigkeit programmiert und übersieht die Langfristigkeit des Menschenlebens. Der Bauch fragt sich nie, was wir am Ende unseres Lebens gerne für ein Leben gelebt hätten. Er kennt – wiederum nach Sigmund Freud – keine Moral, keine Rücksicht, keinen Selbstverzicht.

Das Herz hingegen erstellt in sich eine Hierarchie der Werte. In ihr sollte der Besitz nicht an erster Stelle stehen. Das Problem entschärft sich, wenn das Materielle unter »ferner liefen« rangiert. Doch Menschen, denen alle anderen Werte verloren gingen, sind sozusagen auf den Hund gekommen und stecken im Materiellen fest.

Um zu erkennen, ob eine Handlung nützlich oder unnütz, vernünftig oder unvernünftig ist, benötigen wir den Kopf. Der Kopf wiederum kann uns in berechnende, egoistische Rationalisten verwandeln, die dem Streben nach Mehr alles andere unterordnen. Es ist erneut das Herz, das Kopf und Bauch in Einklang bringen muss. Denn das Herz ist der Sitz der Werte, die wir uns erarbeitet haben. Je mehr diese an der Transzendentalie des Guten ausgerichtet sind, umso leichter tun wir uns, umso mehr Ordnung und Klarheit herrscht in uns. Nur mit einem geordneten, klugen Herz können wir Antwort geben auf die drängenden Fragen:

»Warum arbeite ich in meinem Beruf, außer für Geld? Sehe ich ihn als Dienst an den Menschen, an der Gemeinschaft?«

»Was möchte und soll ich mit dem Geld machen, das ich verdiene?«

»Was ist für mich genug? Was ist gerecht?«

Das sind die Fragen des Herzens. Sie sollten wir uns stellen, bevor wir unseren Bauchgefühlen nachgeben. Wenn wir aber darauf Antworten gefunden haben und danach leben, dann wird unser Bauch die Richtung übernehmen. Dann haben wir ihn, wie bereits besprochen, kultiviert. Kultivierte Bauchgefühle nennt man in der klassischen Philosophie Tugenden. Wenn wir tugendhaft leben, dann dienen nicht wir dem Bauch, sondern der Bauch dient uns.

Fall 9: Alles für die Liebe

Werner R. sucht den Psychiater auf, weil seine Ehe in eine Krise geraten ist. Zwanzig Jahre sind seine Frau und er schon verheiratet. Seine Liebe zu ihr hat nicht nachgelassen, und doch herrscht seit einiger Zeit Kälte zwischen ihnen.

»Ich habe einen tollen Managementjob in einer großen Firma«, erzählt Herr R. »Ich habe mich jahrelang abgearbeitet, um in diese Position zu kommen. Ich habe Überstunden gemacht, kaum Urlaub genommen, Arbeit mit nach Hause geschleppt. Seit drei Jahren bin ich endlich in eine Führungsposition aufgestiegen und beziehe ein hohes Gehalt. Doch plötzlich macht mir meine Frau nur noch Vorwürfe. Das ist nicht fair!«

Warum er das denn nicht fair finde, fragt der Psychiater.

»Weil ich alles für meine Frau getan habe! Durch meine Arbeit konnten wir uns ein großes Haus in bester Lage leisten und eine Ferienwohnung in Salzburg. Unser Sohn kann auf eine Privatschule gehen und meine Frau kann sich kaufen, was sie möchte!«

Was ihm seine Frau denn vorwerfe, möchte der Psychiater wissen.

»Dass ich ihr nicht zuhöre!«, ruft Herr R. aus und es wirkt, als würde er am liebsten aufspringen. »Wie kann sie das sagen! Ich habe ihr doch jeden Wunsch erfüllt!«

Welche Wünsche das wären?

»Was sich jeder wünscht: ein Haus, einen großen Garten, ein Auto ...«

Der Psychiater hakt genauer nach. Das klingt ihm zu sehr nach Allgemeinplätzen. Was sind die persönlichen Wünsche seiner Frau? Das Nachfragen bringt Herrn R. aus der Fassung. Er muss nachdenken, ehe er beschämt den Blick senkt.

Offensichtlich hat die Frau des Patienten einen wunden Punkt getroffen. R. ist kein guter Zuhörer, oder er hört nur, was er hören will. Es scheint, als hätte er seine Wünsche auf seine Familie projiziert. Haus, Auto, Garten, das sind Statussymbole, die ihm wichtig sind. Also denkt er, dass sie auch seiner Familie wichtig sein müssen. Er rechtfertigt damit, seine Familie zugunsten seines Berufs zu vernachlässigen. Doch der Satz: »Ich arbeite doch für meine Frau und meinen Sohn!« ist wohl eher ein Selbstbetrug, der die eigene Gier nach Erfolg, Macht und Geld legitimieren soll.

Herr R. hat sich nie die Frage gestellt, wann es denn genug ist, sondern unreflektiert immer weiter gemacht. Auch hat er es versäumt, seine Familie zu fragen, ob ihnen die Ferienwohnung und das zweite Auto wirklich so wichtig sind wie ihm. Das stand nie zur Debatte. Er ist seinem Bauch gefolgt und wollte vermeiden, vor die Wahl gestellt zu werden, sich für etwas anderes zu entscheiden, hätte sich herausgestellt, dass seine Ehefrau andere Wünsche hat als er. Doch hätte er von Anfang an mit einem geordneten, klugen Herzen gehandelt, müsste er sich nun nicht bemühen, die Liebe seiner Frau zurückzugewinnen.

Die Glücksforschung zeigt uns deutlich, dass ausreichend Geld einen nicht unwesentlichen Teil zu unserem Glück beiträgt. Vor allem in wettbewerbsorientierten Gesellschaften, wie wir sie in Europa und den USA vorfinden. Das ist auch völlig normal: Mehr Geld bedeutet für gewöhnlich mehr Sicherheit und auch mehr Kontrolle über das eigene Leben. Doch die Forschung zeigt auch, dass ab einem gewissen Punkt mehr Geld nicht automatisch glücklicher macht. Nämlich dann, wenn wir weniger Zeit mit den Menschen verbringen können, die wir lieben, oder keine Zeit mehr für uns selbst haben. Auch die Sinnfrage spielt eine wichtige Rolle: Wenn ich zwar viel Geld verdiene, aber meine Tätigkeit für sinn- und nutzlos halte, werde ich mit der Zeit immer unglücklicher. Da hilft auch der Bonus zu Weihnachten nichts.

Im Wesentlichen kann man unter zu viel und unter zu wenig Geld leiden. Wer zu viel hat, ist überraschenderweise unheimlich besorgt, dass es weniger werden könnte, und giert danach, es weiter zu vermehren. Wobei diese Menschen ab einem gewissen Punkt bloß noch die Zahlen auf ihrem Konto befriedigen, denn eine Freude über die Vermehrung des Reichtums spüren sie nicht mehr.

Unsere materialistische Gesellschaft hat es zu einem erstrebenswerten Ziel erhoben, Geld um des Geldes willen zu verdienen. Das hat mit einer gesellschaftlichen Ausdünnung der Werte zu tun. Immer mehr kluge, traditionelle Werte fallen weg, wodurch im Herzen ein Ungleichgewicht entsteht. Ständig vergleichen sich viele Menschen mit dem Nachbarn oder, noch schlimmer, mit Social-Media-Profilen: »Was für ein Auto fährt er? Wo waren sie gerade auf Urlaub?« Ständig fragen sie sich: »Wie können die sich das alles leisten?«

Am Ende steht das Wertevakuum, bei dem es im Herzen keine Werte mehr gibt als Besitz anzuhäufen. Diese armen, materiellen Menschen schauen nur noch nach draußen, anstatt in sich selbst. Aus: »Was brauche ich, um genug zu haben?« wird: »Wie kann ich auch so viel haben wie die anderen?« Der Bauch übernimmt das Kommando, und zwar mit giftgrünem Neid – und natürlich der Gier.

Die griechische Philosophenschule der Stoa hat bereits vor über zweitausend Jahren alle Begriffe entwickelt, mit denen der Mensch der Gier Einhalt gebieten kann. Das Wort »Stoa« bezeichnet eine Säulenhalle. Da der Begründer der Stoa, Zenon von Kition, in einer Säulenhalle auf der Agora, dem Hauptplatz Athens, lehrte und seine Schüler im gemeinsamen Gehen durch diese Halle unterrichtete, erhielt seine Philosophie ihren Namen.

Zenon sah den Menschen als Teil eines großen Ganzen. Er ist eingelassen in die Natur und die Gemeinschaft. Ein egoistisches Gewinnstreben auf Kosten anderer kann somit nie zum Glück führen. Um die Begierden zu unterdrücken, muss der stoische Mensch lernen, seine Gefühle zu kontrollieren. Er muss also lernen, seinen Bauch zu beherrschen. Das ist etwas anderes als das Prägen und Kultivieren des Bauches bei Platon oder Aristoteles. Letztlich liegen die Ziele der Stoa in der *Apathia,* was so viel wie die Freiheit von den Leidenschaften des Bauches bedeutet, in der *Autarkie,* das heißt der Selbstgenügsamkeit, und der *Ataraxie,* der Unerschütterlichkeit (wir würden heute Resilienz sagen). Die Askeselehre des Buddhismus ist damit verwandt. Ein autarker Mensch kennt die Antwort auf die Frage, was für ihn genug ist: Er kann sich stets mit dem begnügen, was er selbst zur Verfügung hat. Möchte er mehr, dann aus einem ganz bestimmten Grund heraus: um anderen zu helfen. Ist man in der Ataraxie angekommen, können einen auch unerwartete Schicksalsschläge nicht so leicht aus der Ruhe bringen. Zusammengenommen machen diese Eigenschaften die »stoische Ruhe« aus, von der wir auch heute noch sprechen. Wer in dieser Ruhe angekommen ist – so die stoische Lehre – der wird keine Gier und keine Sucht mehr kennen. Der wird frei sein von den Versuchungen des Bauches. Eine recht optimistische Verheißung.

Wir müssen uns jedenfalls in einer Welt zurechtfinden, die zunehmend materielle Quantität über Lebensqualität stellt. Lernen wir, uns an den reflektierten und geprüften Werten unseres Herzens zu orientieren und nicht an den Gelüsten des Bauches, wird unsere Zufriedenheit nicht mehr von dem abhängen, was wir besitzen. Denn eine solche Abhängigkeit führt letztlich bloß dazu, dass wir alles besitzen können – alles, außer innerer Zufriedenheit.

UNLUSTVERMEIDUNG

Kapitel Drei: Angst

Immer mehr Menschen haben immer mehr Angst. Dafür gibt es viele Gründe. Wir fürchten uns vor Seuchen, vor Kriegen und Katastrophen genauso wie davor, nicht akzeptiert oder anerkannt zu werden. Diese Ängste können uns gefangen halten und unser Leben bestimmen. Dabei verursacht Angst ein Vermeidungsverhalten und ein neurotisches Sicherheitsbedürfnis. Erst wer lernt, der Angst in die Augen zu schauen und sich selbst unabhängig zu machen vom Urteil anderer, wird seinen Ängsten entkommen können und dabei die Person werden, die er sein möchte.

Es gibt viele Dinge, vor denen man Angst haben kann. Pandemien, Naturkatastrophen, Kriege oder politische Umstürze – kommt Ihnen das bekannt vor?

Damit sind Sie nicht allein.

Tatsächlich suchen beinahe jede menschliche Generation ähnliche Ängste heim, wenn sich auch die jeweiligen Ausprägungen unterscheiden mögen. Aber ganz gleich, ob es sich um die antiken Griechen nach der Niederlage im Peloponnesischen Krieg handelte, die Bürger von Kastilien nach der muslimischen Eroberung der iberischen Halbinsel im frühen Mittelalter oder die Weltbevölkerung während der Kubakrise im Kalten Krieg – jede Generation nimmt für sich das Privileg in Anspruch, die letzte zu sein.

Das soll keine tatsächlichen Gefahren relativieren oder herunterspielen. Im Gegenteil, sich vor Krieg, Krankheit oder persönlichen Schicksalsschlägen zu fürchten, ist völlig normal. So normal, dass wir lernen müssen, mit Angst umzugehen. Denn niemand ist vor ihr gefeit. Wie wir sehen werden, ist das auch gut so.

Es ist empirisch erwiesen, dass Angststörungen auf dem Vormarsch sind. Unter Angststörungen versteht die Psychiatrie wohlgemerkt nicht bloß Klaustrophobie (Angst vor geschlossenen Räumen), Arachnophobie (Angst vor Spinnen), Akrophobie (Höhenangst) oder ähnliches, sondern jedes Angstgefühl, das irrational ist und die Bewältigung des Alltags erschwert. Das kann also die übermäßige Angst vor dem Klimawandel, einer Krankheit, einem Krieg oder auch vor dem eigenen Chef oder einer bevorstehenden Prüfung sein.

Besonders bei jungen Menschen kommen solche Angststörungen immer häufiger vor. Seit Ausbruch der Coronapandemie, der Angstkommunikation in den Medien und den verordneten Lockdowns haben Depressionen und Angststörungen um 25 Prozent zugenommen, wie eine Studie im medizinischen Fachmagazin *Lancet* zeigt. Angststörungen sind also etwas, das viele von uns kennen, und die man nicht auf die leichte Schulter nehmen darf. Die obige Auflistung soll jedoch zeigen, dass wir gesellschaftliche Probleme und Herausforderungen, von denen es unbestreitbar viele gibt, oftmals ohne Kontext betrachten und sie überlebensgroß aufblasen, bis unser ganzes Denken davon bestimmt wird. Dieses Aufblasen ist genau das, was die Angst des Bauches mit uns macht, wenn das Korrektiv des Kopfes fehlt: Die Verhältnismäßigkeit geht verloren und wir starren nur noch auf die Gefahr wie die Maus vor der Schlange. Der Bauch übertreibt bekanntlich fast immer. Der Kopf muss deswegen bei jeder Angst zuerst befragt werden. Es gibt vernünftige und unvernünftige Ängste, berechtigte und unberechtigte. Man kann Angst haben vor dem hungrigen Löwen, der leibhaft vor einem steht – oder vor dem Foto einer Spinne. Beide Ängste fühlen sich berechtigt an, doch eine ist rationaler als die andere.

Neben den kollektiven Problemen, die Angst auslösen können, gibt es auch viele individuelle Ursachen für Angst: die Angst, nicht gut genug zu sein, sich lächerlich zu machen oder einsam und allein zu bleiben.

Dabei ist Angst selbst ein evolutionär wichtiges Werkzeug. Angst kann unser Adrenalin nach oben schießen lassen. In der Urgeschichte ermöglichte es die Angst den frühen Menschen, sich auf gefährliche Unternehmungen entweder gar nicht erst einzulassen oder in Gefahrensituationen schneller und schmerzfreier zu reagieren. 1915 prägte der US-amerikanische Physiologe Walter Cannon den klingenden Begriff *»flight or fight«* – als urtypische Reaktion von Mensch und Tier auf Bedrohung. Dabei wird bei Gefahr vom Körper Adrenalin in großen Mengen ausgeschüttet, sodass genug Energie da ist – entweder für die Flucht oder für den Kampf. Ohne die Warnfunktion der Angst hätten wir Menschen, die wir bei weitem nicht die stärksten Lebewesen sind, sicherlich nicht so lange überlebt. Und selbst heute ist manche Angst ein natürlicher und intuitiver Reflex: Sie hält uns davon ab, uns in lebensgefährliche Situationen zu bringen. Diese intuitive Angst ist ein sehr wichtiges Bauchgefühl. Sie ist eine berechtigte Angst. Aber diese berechtigte Angst erkennen wir nur durch die kritische Reflexion des Kopfes, weil sie sich emotional nicht von der unberechtigten, neurotischen Angst unterscheidet.

In diesem Kapitel geht es primär um Angststörungen, also unberechtigte Ängste. Sie hindern uns, ein Leben zu führen, wie wir es wollen. Sie sind oft irrational und obwohl wir das wissen, können wir ihnen nicht entkommen. Solche Angststörungen entstehen, wenn wir unserem Bauch ungebremst freie Bahn lassen – und das kritische Hinterfragen der Angst vermeiden.

Es ist offensichtlich, dass sich unser Gesellschaftssystem die Angst der Bürger zunutze macht. Populistische Politiker benutzen Angst als Wahlkampfstrategie. Medien verkaufen Angst. Und die Wirtschaft beutet Angst aus.

Bad news are good news

Die Coronapandemie belastete und belastet noch immer viele Menschen ungemein. Psychische Erkrankungen nehmen zu. Das hat vor allem damit zu tun, dass wir beständig mit schlechten Nachrichten konfrontiert werden. Um die komplexen Zusammenhänge in der Welt zu verstehen und nachzuvollziehen, reicht es nicht, aus dem Küchenfenster zu blicken.

Deswegen konsumieren wir Nachrichten oder Social-Media. Doch gerade während der Pandemie gab es ein massives Übergewicht an negativen Schlagzeilen. Es mag wichtig sein, über Gefahren und Probleme aufzuklären, für die Psyche ist es aber jedenfalls belastend.

Ein Auslöser für Angststörungen kann die massive Überlastung durch ständig hereinprasselnde negative Informationen sein. Dann wird plötzlich jeder Atemzug potenziell tödlich, denn es könnten sich überall gefährliche Viren in der Luft befinden.

Jede Türklinke wird zu einem Lager für Bazillen. Wie neue Studien zeigen, verstärkt unser Social-Media-Konsum das Problem nur noch. Leif Kamp, Medienforscher an der Universität Bremen, und Stephan Weichert, Kommunikationsforscher am Vocer Institute für digitale Resilienz, schreiben in einem Bericht zu diesem Thema: *»Es ist für uns beunruhigend zu wissen, wie viele Menschen in Deutschland sich derzeit von digitalen Medien abwenden, weil sie angesichts des permanenten Nachrichtenstroms überfordert oder erschöpft sind.«*

Stress, Angst und Ermüdung sind Konsequenzen aus der konstanten Überforderung, die Menschen in den sozialen Netzwerken erfahren. Auch die amerikanische Journalistin Amanda Ripley, seit Jahrzehnten eine der führenden Kräfte des *Time Magazine* und der *Washington Post*, schrieb im Juli 2022 einen Beitrag mit dem Titel: *»Ich habe aufgehört, die Nachrichten zu lesen. Bin ich das Problem – oder das Produkt?«* Produkt einer virtuellen Echokammer, die subjektive Meinungen und Gefühlslagen hundertfach verstärkt und damit ungefiltert die Psyche der Nutzer beschießt.

Wie irrational Ängste oft sind und wie stark sie mit unserer subjektiven Wahrnehmung zu tun haben, zeigt ein Blick auf die Flugangst. Ungefähr jeder dritte Mensch weltweit leidet zumindest unter leichter Flugangst, also erfährt zumindest Momente von schwachem Unwohlsein und Unsicherheit während des Fluges. Dabei liegt die Wahrscheinlichkeit, mit dem Flugzeug abzustürzen, bei 0,0000004 Prozent. Oder anders ausgedrückt: Das Flugzeug ist das sicherste Verkehrsmittel der Welt.

Doch Angst spielt nicht nach den Regeln der Vernunft. Sie ist per se ein kopfloses, maßloses Bauchgefühl. Wir fürchten uns häufig vor Dingen, die wir nicht verstehen. Dabei ist auch Verständnis subjektiv: Bereits zu glauben, wir kennen uns mit etwas aus, hilft dabei, die Angst davor zu verringern. Die meisten Menschen kennen sich mit ihren Autos eben besser aus als mit

Flugzeugen oder glauben das zumindest – was auf dasselbe hinausläuft. Außerdem steuern wir Autos selbst, während, Piloten ausgenommen, niemand das Flugzeug steuert, in dem er sitzt. Dass wir über Autounfälle oft keine Kontrolle haben, lässt sich leicht verdrängen. Es ist die Illusion von Kontrolle, die uns Sicherheit gibt.

Auch Vertrautheit mit einer Situation schützt uns vor Angst. Fliege ich seit frühester Kindheit mehrmals im Jahr, bin ich eher vor Flugangst gefeit als ein Mensch, der mit sechzig Jahren zum ersten Mal ein Flugzeug besteigt. Wir sehen also: Ängste hängen stark mit unserem subjektiven Empfinden zusammen. Und das wird stark medial beeinflusst.

Fall 10: Auf den Kater gekommen

Klara C. ist eine junge, hübsche und gesunde Frau mit einem guten Job und einer glücklichen Ehe. Auf den ersten Blick führt sie ein Vorzeigeleben. Dennoch plagen sie Angststörungen. Daher sucht sie einen Psychiater auf.

Wovor sie denn Angst hat, möchte der Psychiater zu Beginn des Gesprächs wissen.

»Ich weiß, dass es ein wenig seltsam klingt«, sagt Frau C. »Aber ich habe Angst um meinen Kater Figo. Ich fürchte mich schrecklich davor, dass er stirbt.«

Sich um seinen Kater zu sorgen kann durchaus normal sein, merkt der Psychiater an. Es geht darum, ob die Sorgen begründet sind und wie sie in unserem Leben Gestalt annehmen.

»Das ist es ja«, sagt Frau C. und vergräbt das Gesicht in den Händen. »Wenn Freunde zu Besuch kommen, sperre ich Figo ein, weil ich Angst habe, dass irgendetwas passiert. Ich lasse ihn nicht mehr nach draußen, sondern muss ihn immer im Auge behalten. Wenn ich in die Arbeit gehe oder außer Haus, muss ich ständig an ihn denken und mache mir Sorgen. Am liebsten würde ich ihn den ganzen Tag einsperren oder in meinen Händen halten, aber ich weiß natürlich, dass das nicht geht und schlecht für ihn ist!«

Die Patientin wirkt verzweifelt. Die Gefühle, die sie schildert, sind klassische Angststörungen. Sie kann an nichts anderes mehr denken als an ihren Kater, und das ständige Kreisen um seine Gesundheit verstärkt die Angst um ihn nur noch. Dabei ist ihr bewusst, dass die Sorge um ihren Figo überproportionale Ausmaße und keinerlei rationale Rechtfertigung hat – der Kater ist noch jung und gesund.

Nachdem bei der ersten Sitzung die Problemlage und das Ziel der Therapie umrissen wurden, treffen sich Patientin und Psychiater nach einer Woche wieder. Der Psychiater fragt, was während des letzten Jahres im Leben der Patientin geschehen ist.

»Vor Figo hatte ich eine Katze«, erzählt Frau C. »Sie ist vor etwa zwei Monaten verstorben.« Nachdem Frau C. ein wenig mehr von der Katze erzählt hat, merkt sie an: »Und vor drei Wochen ist meine Mutter verstorben. Sie wurde völlig unerwartet krank und ist kurz darauf gestorben.«

Als der Psychiater sie fragt, warum sie nicht mit dieser Nachricht begonnen hat, ist Frau C. selbst überrascht. Der Psychiater erkundigt sich, wie es ihrem Vater und ihrem Ehemann gehe.

»Denen geht es gut«, sagt Frau C.

»Aber ich habe Angst, dass es sie genauso plötzlich treffen könnte. Corona macht mir furchtbare Sorgen ...«

Psychiater und Patientin vereinbaren, dass Frau C. zunächst eine Angstliste anlegt, auf der sie alle Dinge notiert, vor denen sie Angst hat und sie auf einer Skala von 1 (wenig Angst) bis 10 (Todesangst) bewertet. Über diese Liste werden sie später sprechen.

In dem Fall von Frau C. sind einige Ereignisse zusammengekommen. Frau C. hat unerwartet und plötzlich einen geliebten Menschen verloren. Sie hat Angst davor, dass das noch einmal passieren könnte. In Zeiten von Corona fürchtet sie überall die unsichtbare Gefahr. Um bloß keine Viren mit nach Hause zu nehmen, berührt sie keine Türklinken mehr oder kann nicht mehr mit anderen Menschen in geschlossenen Räumen sein. Das verkompliziert ihr Leben ungemein.

Die Angst vor einer tödlichen Krankheit projiziert sie auf ihren Kater. Das kann verschiedene Gründe haben. Womöglich ist die Vorstellung, ihr Vater oder ihr Ehemann könnten plötzlich versterben, zu schmerzhaft, um sie sich täglich vorzustellen. Vielleicht liegt es auch daran, dass sie über ihren Kater mehr Kontrolle hat oder sich das zumindest einbildet. Die Ursache der Angstgefühle auszumachen hilft zunächst einmal dabei, sie zu verstehen und ist ein erster Schritt hin zu einer Akzeptanz. Denn Frau C. gibt zu, sich ziemlich dumm gefühlt zu haben, bei ihrem Kater so überzureagieren und sich nicht erklären zu können, woher diese starken Gefühle kommen.

Nun tut sich Frau C. schwer, alltägliche Dinge zu erledigen und kann kaum noch abschalten. Die Angst ist wie ein dunkler Raum, in dem sie blind nach dem Ausgang sucht. Alles wird von der Angst verdunkelt.

Angst essen Seelen auf, so hat der deutsche Regisseur Rainer Werner Fassbinder einen seiner Filme genannt. Und tatsächlich kann Angst unsere Persönlichkeit verändern, indem sie uns nicht die Person sein lässt, die wir sein wollen. Bevor wir lernen, was wir dagegen tun können, sollten wir aber noch eine andere Ursache für Angststörungen kennenlernen, die in unserer heutigen Zeit weit verbreitet ist. Denn obwohl die Pandemie wie ein Brandherd für Angstzustände in der Bevölkerung gewirkt hat, waren die Tendenzen zu solchen Erkrankungen schon lange vorher gegeben. Man könnte auch sagen, Angst ist die Kohle, mit der die Hochöfen der Leistungsgesellschaft befeuert wird.

Diese Angst, die unterschwellig unsere Gesellschaft beherrscht, heißt *Perfektionismus.* Es ist die Angst, nicht gut genug zu sein und nicht genug Wertschätzung zu bekommen. Die Angst davor, was wohl die anderen über uns denken.

Burnout: Die Krankheit, auf die man stolz ist

Das Internet, sagt man, weiß alles. Unermesslich viele Informationen hält es gespeichert, die für uns in Sekundenschnelle abrufbar sind. Es gibt keine Geheimnisse mehr, das gesammelte Wissen der Menschheit läuft durch Glasfaserkabel selbst an die abgelegensten Orte der Welt.

Kein Wunder also, dass Menschen bei Problemen zunächst das Internet befragen. Wer kann schon ehrlich sagen, noch nie Symptome auf Google gesucht zu haben, in der Hoffnung, eine schnelle Diagnose zu bekommen? Was kann ein gewöhnlicher Arzt dem Internet schon voraushaben?

Doktor Google ist aber ein ziemlich fauler Arzt, denn seine Diagnose für die meisten psychischen Beschwerden lautet: *Burn-*

out. Und Menschen, die nach Lösungen für ihre Ermüdung, Antriebslosigkeit oder Motivationslosigkeit suchen, nehmen diese Diagnose gerne an. Denn Burnout klingt nicht ausschließlich schlecht. Tatsächlich ist es unterschwellig ein Kompliment, das durch die Hintertür hereinkommt.

Burnout bekommen nämlich nur jene Menschen, die zu viel arbeiten. Angeblich. Und in unserer Gesellschaft wird der Mensch nun mal zuallererst nach seiner Arbeitsleistung bewertet. »Ich habe ein Burnout, denn ich arbeite einfach zu viel«, hat die gleiche diagnostische Qualität wie: »Ich tue mir im Leben so schwer, weil ich einfach zu nett bin.« Das ist manchmal gar keine Diagnose, sondern eine Selbstbeweihräucherung und eine Ausrede, um weiterzumachen wie bisher. Man kann es auch Selbstbetrug nennen. Denn »zu viel zu arbeiten« oder »zu nett« zu sein, davon kann doch niemand im Ernst abraten?

Immer wieder kommen Patienten in die psychiatrische Praxis und beginnen das Gespräch mit folgendem Satz: »Ich komme zu Ihnen, weil ich ein Burnout habe.« Diese Selbsteinschätzung ähnelt aber eher einem Wunschkonzert als einer medizinischen Diagnostik. Die Existenz von Burnout ist in der Fachwelt umstritten. In der WHO-Klassifikation der psychischen Störungen (ICD-10) ist es keine anerkannte Krankheit, sondern nur eine Zusatzkategorie (»Probleme mit Bezug auf Schwierigkeiten bei der Lebensbewältigung«).

Burnout, so wie die meisten Menschen es verstehen, gibt es nicht. Was es gibt, sind etwa reaktive Störungen wie die Anpassungsstörung oder depressive und neurotische Erkrankungen. Diese Phänomene, die sich auch im ICD-10 finden, sind jahrelang untersucht und klar definiert. Bis jetzt ist es jedoch nicht gelungen, Burnout empirisch von diesen Phänomenen abzugrenzen und als eigene Erkrankung nachvollziehbar zu machen. Viele Menschen, die glauben, ein Burnout zu haben, leiden unter einer oder mehreren der oben benannten Erkrankungen. Und praktische alle haben eine besondere Persönlichkeitsstruktur.

Anfällig für das Burnout-Phänomen sind weniger die »high achievers« mit einer außergewöhnlich hohen Arbeitsleistung, sondern vielmehr Menschen mit einer perfektionistischen Grundeinstellung, die gerne als »high achiever« gesehen werden möchten. Motivationspsychologisch unterscheidet diese beiden Gruppen die intrinsische und extrinsische Motivation.

Erstere kommt von innen heraus und will der Gesellschaft dienen, zweitere ist von der Gratifikation und der Wertschätzung anderer abhängig und will der Gesellschaft gefallen. Perfektionisten definieren sich über ihre Leistung. Sie sind extrinsisch motiviert, gieren nach Wertschätzung, verlieren so das Maß – auch in der Arbeit – und kippen so häufiger ins Burnout als andere. Weil ihre ängstliche Sehnsucht nach Wertschätzung – ein Bauchgefühl – ein Fass ohne Boden ist. Aufgrund dieser Gier spüren Perfektionisten nicht mehr, wann bei der Erledigung einer Aufgabe Schluss sein sollte.

Wie oben beschrieben, hält sich hartnäckig das Gerücht, dass Burnout die Folge von zu viel Arbeit sei. Und auf eine perverse Art hat die Überarbeitung heute ungefähr den Stellenwert einer Kriegsverletzung, für die man einen Orden überreicht bekommt. Auf dem Schlachtfeld des Wettbewerbskapitalismus hat man seine psychische Gesundheit für das größere Wohl, nämlich das Hinaufklettern auf der Karriereleiter, geopfert. Wir sind so viel wert, wie wir leisten – zumindest glauben das die meisten Menschen. Das ist die Pandemie des Perfektionismus, ein Phänomen mit hoher Ansteckungsrate.

Dieser Zeitgeist beeinflusst auch unsere Bauchgefühle. Der Bauch kann nicht mehr Nein sagen, er kann kein Angebot ablehnen und keine Arbeit unerledigt lassen, weil er voller Angst ist, dann nicht mehr wertgeschätzt zu werden: ein klarer Fall von Unlustvermeidung. Wenn er hingegen im Hamsterrad bleibt, erhofft er sich kurzfristige Lustbefriedigung – ein Lob vom Chef, die erhoffte Beförderung, mehr Gehalt. Die Gier nach Wertschätzung hält den Perfektionisten gefangen. Doch ihm fällt nicht auf, dass er bloß immer schneller im Hamsterrad läuft, bis er in hohem Bogen aus diesem hinauskatapultiert wird. Die Grenzen zwischen beruflich und privat verschwinden. Zeit für Partnerschaft, Kinder, Spiritualität, Sport und Erholung bleibt keine mehr.

Fall 11: Die faulen Kollegen

»Ich bin allein«, sagt Michaela L. in ihrer ersten Therapiesitzung. »Ich weiß auch nicht, wieso. Ich halte mich nicht für einen asozialen oder schwierigen Menschen.« Frau L. ist Ende dreißig und arbeitet für einen Finanzdienstleister. Sie ist immer gut gekleidet, trägt teure Kostüme und Kleider, die perfekt aufeinander abgestimmt sind. Ab und zu greift sie nervös zum Handy, das sie vor sich liegen hat und nicht aus den Augen lässt.

Wie das früher gewesen sei, fragt der Psychiater. Habe sie immer schon wenig Freunde gehabt?

»Nein, während des Studiums hatte ich viele Freundschaften«, erzählt Frau L. »Ich bin mit meinen Freundinnen fortgegangen und habe viel Spaß gehabt. Wir sind auf Urlaub gefahren und haben auch sonst viel miteinander unternommen.«

Frau L. nimmt das Handy und spielt damit herum.

Wann sich das geändert habe, möchte der Therapeut wissen.

Frau L. seufzt und denkt nach. »Ich schätze, ein paar Jahre, nachdem ich zu arbeiten begonnen habe. Natürlich hat man dann nicht mehr so viel Zeit, sich zu sehen, vor allem, wenn man in so einem Job arbeitet wie ich. Da gehören Überstunden dazu. In meinem Beruf kann man sich kein leichtes Leben machen, da muss man hart arbeiten.«

Ob sie denn keine neuen Freunde im Büro finden konnte?

Frau L. lacht. »Nein, die meisten meiner Kollegen sind faul. Die gehen um Punkt sechs Uhr nach Hause, wie mit der Stechuhr. Die nehmen nicht mal ihre Laptops mit! Wenn ich länger bleibe und eine Mail an einen Kollegen schicke, dann bekomme ich die Antwort erst am nächsten Tag. Was soll ich mit solchen Freunden? Die haben keine Ziele!«

Der Psychiater stellt Frau L. noch ein paar Fragen zu ihrem Arbeitsalltag. Sie vereinbaren, dass Frau L. nächste Woche zur gleichen Zeit wiederkommt.

Als sie die Woche darauf durch die Tür tritt, hält sie das Handy in der Hand und tippt. »Für meinen Chef«, sagt sie anstelle einer Begrüßung. Selbst als sie dem Psychiater gegenüber Platz nimmt, legt sie das Handy nicht aus der Hand.

Als sie schließlich das Handy weglegt und sich dem Psychiater zuwendet, fragt dieser Frau L., ob sie das Handy immer dabeihat, wenn sie sich mit Freundinnen trifft.

»Natürlich«, sagt Frau L. und klingt stolz.

»Wenn mein Chef etwas braucht, muss er mich doch erreichen können! Das müssen meine Freundinnen verstehen. Ich kann nicht mit ihnen bei einem Kaffee tratschen, wenn im Büro plötzlich eine Anfrage reinkommt. Dafür bezahle ich auch den Kaffee und das Essen, wenn ich gehen muss, weil es einen Notfall gibt.«

Als der Psychiater Frau L. ein wenig mehr über solche »Notfälle« ausfragt, stellt sich heraus, dass sie wöchentlich mehrmals vorkommen. Nüchtern betrachtet könnten viele dieser Notfälle auch noch am nächsten Tag bearbeitet werden, ohne dass es irgendjemanden stören würde – außer die Patientin.

Frau L. ist eine klassische Perfektionistin. Sie definiert sich über ihre Arbeit. Es hat einen einfachen Grund, warum sie keine Freunde mehr hat: Sie hat ein Problem mit ihren Prioritäten. Dem Handy mehr Aufmerksamkeit zu schenken als der Person gegenüber und ihren Beruf jederzeit zu priorisieren, gibt ihren Freunden das Gefühl, für sie nicht viel wert zu sein. Und selbst wenn Frau L. (noch) nicht das Gefühl hat, unter einem Burnout zu leiden, belastet sie ihre Arbeitssucht. Denn sie hindert sie, ein normales und erfülltes Sozialleben zu haben. Der Grund für ihren Arbeitswahn: Die Angst, nicht gut genug zu sein. Und diese Angst versuchen Frau L. und ihr Psychiater in den nächsten Sitzungen gemeinsam zu bekämpfen.

Phänomene wie Burnout entstehen häufig aus dem Gefühl der Angst, nicht genug zu leisten, und sind deshalb klassische Probleme des Bauches. Doch bei Frau L. ist es nicht so sehr die Überfülle an negativen Emotionen und Wahrnehmungen, die ihre Angst irgendwann so stark aufbläst, dass sie alles andere überdeckt, wie das im letzten Fall Frau C. passierte. Diesmal ist es die Angst vor dem Urteil anderer. Viele Menschen definieren sich über die Meinung, die andere von ihnen haben. Für ein Lob des Chefs würden sie Saltos schlagen. Sie leben in ständiger Angst, nicht gut genug zu sein, zu wenig zu tun, was für sie bedeutet: zu wenig zu sein.

Die Leistungsgesellschaft nützt das aus. Sie verstärkt jedes Minderwertigkeitsgefühl und macht uns süchtig nach Anerkennung. Dabei muss diese von Autoritätspersonen kommen, um etwas zu gelten. Lobende Worte von Freunden werden dagegen als unbedeutend abgetan. Es ist diese Angst vor der eigenen Unzulänglichkeit, vor der Fehlerhaftigkeit: kurzum, die Angst davor, menschlich zu sein.

Leider zu perfekt

Wir Menschen lassen uns viel zu häufig vom Bauchgefühl Angst beherrschen. Wovor wir uns fürchten, das versuchen wir zu vermeiden. Unser Bauch ist mächtig: Unlustvermeidung ist neben Lustmaximierung sein Hauptprinzip. Fürchten wir allzu sehr das Urteil der anderen, definieren wir unseren Wert über ihr Lob, dann werden wir niemals aufhören, uns maßlos (Maß ist eine Kardinaltugend!) abzustrampeln.

Der deutsche Philosoph Georg Wilhelm Friedrich Hegel hält diesen Kampf um die Anerkennung des anderen sogar für die menschlichste aller Eigenschaften. Er stellte sich im 19. Jahrhundert die Frage, wie Selbstbewusstsein entsteht. Bewusstsein, also das Wahrnehmen der eigenen Umwelt und das Reagieren darauf, kann problemlos fast allen lebendigen Wesen und sogar, je nach Definition, Pflanzen und Bäumen zugeschrieben werden. Doch Selbstbewusstsein – so Hegel – scheinen in der ausgeprägten Form nur Menschen zu besitzen: Wir erfassen uns als denkende und fühlende Einheit, mit Wünschen, Hoffnungen und Ängsten, die sich durchaus widersprechen können. Wir haben nicht nur Zugang zu unserer Gefühlsebene, wir können Gefühle auch artikulieren, anderen kommunizieren und sie verarbeiten, etwa in künstlerischen oder philosophischen Werken. Wir können sogar von ihnen abstrahieren und uns von ihnen distanzieren, um sie nüchtern zu betrachten – das ist zumindest das Ziel der meisten Therapien. Wie, fragt nun Hegel, bildet sich das Selbstbewusstsein?

Laut Hegel entsteht es im Kampf um Anerkennung. Der Mensch kann nicht von sich selbst sagen: »Ich bin ein Individuum«, es braucht darin stets auch die Bestätigung des anderen. Für Hegel entsteht zwischen zwei Personen ein Kampf, der darin endet, dass einer der Herr und der andere der Knecht ist. Der Knecht ordnet sich unter und erkennt den Herrn als stärker an. Er ist von der Bestätigung und der Gunst des Herrn abhängig. Mit Hegel kann man ein solches Verhältnis in toxischen Beziehungen, im Arbeitsleben zwischen Chef und Mitarbeiter und sogar in Familien zwischen einem übermächtigen Elternteil und seinen Kindern finden.

Doch der eigentliche, intelligente Winkelzug in Hegels Theorie ist die Erkenntnis, dass der Herr den Knecht mindestens genauso braucht wie umgekehrt. Was ist der König ohne seine Untertanen? Also selbst wenn sich eine Person über ihre Überlegenheit anderen gegenüber definiert, ist sie nicht frei – sie ist von jenen abhängig, denen sie sich überlegen fühlt. Diesen scheinbar unauflösbaren Widerspruch bezeichnet Hegel als die *»Dialektik von Herr und Knecht«* – ein Konzept, das im Paris der Nachkriegszeit mit der psychoanalytischen Theorie von Sigmund Freud vereint wurde.

Tatsächlich lässt sich Hegels Theorie in jedem modernen Superheldenfilm finden, von denen es heute besonders viele gibt. Superhelden töten ihre ebenso starken und brillanten Gegenspieler nur in den allerseltensten Fällen. Meistens werden Superschurken eingesperrt, können fliehen oder werden auf eine andere Art temporär aus dem Weg geräumt, nur um in einer Fortsetzung wieder aufzutauchen. Man könnte den Grund dafür natürlich in einer Verkaufsstrategie suchen: Eine Figur wird so oft wie möglich recycelt. Doch das ist nur eine Seite der Medaille. Hegel würde postulieren, dass Superhelden ohne ihre Antagonisten die Daseinsberechtigung verlieren. Niemand benötigt fliegende Helden, um einen Ladendiebstahl zu klären. Die größte Angst von Superhelden ist nach Hegel das Verschwinden all ihrer Widersacher. Denn wozu wären sie dann noch gut?

Wir sind keine Superhelden, und das ist auch gut so. Denn nur durch die Erkenntnis unserer Durchschnittlichkeit können wir das ewige Ringen um Anerkennung beenden.

In Hegels Theorie sind es beide, Herr und Knecht, die sich aneinander abarbeiten, um vom anderen anerkannt zu werden. Sie sind in einem ständigen Kampf gegen- und miteinander gefangen und können doch nicht ohne den anderen, müssen also in der ständigen Angst leben, die komplementäre Seite zu verlieren. Sie werden sich nie genug sein, egal wie sehr sie sich bemühen. Denn genug kann der Mensch sich nur sein, wenn er in sich ruht – mithilfe der *Selbsttranszendenz* (dazu kommen wir in Kapitel 5).

Es ist diese Angst um Anerkennung, die Perfektionisten – verzeihen Sie das Wortspiel – zur Perfektion treiben. Langfristig bricht der Mensch unter dieser Last zusammen.

Fall 12: Was uns nachts wachhält

Mit Ringen unter den Augen betritt Hubert C. die Praxis. Er ist schlecht rasiert und seine Kleidung wirkt unordentlich. Er versucht ein Gähnen zu unterdrücken, als er neben dem Psychiater Platz nimmt.

Von Schlafproblemen war am Telefon die Rede, als Herr C. um einen Termin gebeten hat.

»Können Sie mir nicht irgendwelche Schlafmittel verschreiben?«, fragt er gleich zu Beginn des Gespräches. »In letzter Zeit kann ich kaum noch eine Stunde durchschlafen. Es ist schrecklich. Ich fühle mich ständig müde, möchte mich die ganze Zeit hinlegen, aber wenn ich endlich im Bett liege, komme ich auch nicht zur Ruhe. Ich weiß nicht, was ich noch machen soll.«

Bevor der Psychiater Medikamente verschreibt, möchte er ein wenig mehr über Herrn C. und seine Schlaflosigkeit erfahren. Wird er von Alpträumen geplagt? Hat er vor irgendetwas Angst?

Doch der Patient verneint. »Früher hatte ich diese Probleme nicht«, erzählt er. »Ich konnte immer normal schlafen. Angefangen hat das Ganze vor ungefähr einem Jahr.«

Was damals passiert ist?

Herr C. überlegt. »Ich habe einen neuen Chef bekommen und bin gleichzeitig in der Firma aufgestiegen.«

Was er beruflich mache, will der Psychiater wissen.

»Die Firma, für die ich arbeite, stellt Fenster her und vertreibt sie«, erklärt Herr C. »Ich bin Diplom-Ingenieur. Angefangen habe ich als Techniker, mittlerweile bin ich im Management. Die Arbeit macht mir Spaß, ich kenne die Leute alle gut und habe mir einen guten Ruf aufgebaut.«

Und wie ist der neue Chef?

»Sehr fordernd«, sagt Herr C. sofort. »Sein Vorgänger war ein älterer Herr, schon lange im Betrieb, sehr gemütlich. Einer von der alten Schule. Der Neue ist jung, hat keine Familie und lebt für die Arbeit. Wöchentlich sendet er neue Memos raus, über Wirtschaftsstrategien und Verkaufstaktiken. Er ist sehr dynamisch, da fällt es mir manchmal schwer, Schritt zu halten.«

Der Psychiater bittet Herrn C. nun, ihm genau zu schildern, wie sich ein Abend bei ihm zu Hause abspielt. Wie geht er zu Bett, was denkt er dabei, wie fühlt er sich? Herr C. schließt die Augen und lässt sich tiefer in den Sessel fallen.

»Bevor ich ins Bett gehe, fühle ich mich ruhig und müde. Ich freue mich darauf. Meine Frau und ich gehen meist zur gleichen Zeit ins Bett. Dann lese ich noch ein wenig, mache das Licht aus und versuche, einzuschlafen. Doch ist es still um mich geworden, kommen mir tausend Gedanken in den Kopf. Irgendwann halte ich es nicht mehr aus, springe auf und muss nachsehen.«

»Moment«, wirft der Psychiater ein. »Was müssen Sie nachsehen?«

»Ob ich in meinen Mails auch alle Kosten und Daten richtig angegeben habe«, sagt Herr C. und allein der Gedanke daran lässt ihn ins Schwitzen geraten. »Aber egal, wie lange und wie oft ich sie kontrolliere, kaum bin ich im Bett, fängt es schon wieder an, in meinem Kopf zu hämmern: Habe ich auch sicher nichts übersehen? Habe ich mich womöglich vertippt?«

Als er von diesen Bedenken spricht, scheint Herr C. regelrecht entsetzt. Doch der Psychiater kann ihn beruhigen. Herr C. ist ein ausgeprägter Perfektionist. Doch das kann man heilen, ohne auf Medikamente zurückgreifen zu müssen.

Der Perfektionist ist alles andere als perfekt. Insgeheim weiß er das, und es lässt ihm keine Ruhe. Perfekt zu sein, ständig und in allem was wir tun, ist allerdings ohnehin unmöglich. Wenn wir uns anstrengen und ein wenig Glück haben, schaffen wir es manchmal, Dinge perfekt zu erledigen. Doch wir selbst sind imperfekt, das ist ein Bestandteil des Menschseins.

In der Therapie des Perfektionismus geht es um die Annahme seiner selbst in seiner Durchschnittlichkeit, Mittelmäßigkeit, Gewöhnlichkeit und Fehlerhaftigkeit. Die Psychologie nennt das *»Imperfektionstoleranz«*.* Das dem Patienten ins Gesicht zu sagen, ist ein heilsamer Schmerz: »Sie sind durchschnittlich, mittelmäßig, gewöhnlich und fehlerhaft. Sie sind nicht perfekt. Sie machen Fehler. Das ist ganz normal!«

Das tut weh! Aber es befreit auch. Es ist wie das schmerzhafte Aufschneiden einer Eiterbeule. Heftiger Schmerz, aber dann ist der Druck draußen. Was der Patient schon lange gefürchtet (und unterschwellig gewusst) hat, ist ganz offen und gelassen ausgesprochen worden – und der Himmel ist ihm nicht auf den Kopf gefallen! Manchmal hilft es, den Patienten wiederholen zu lassen: »Ich bin durchschnittlich, mittelmäßig, gewöhnlich und fehlerhaft. Und trotzdem bin ich liebenswert.«

Es ist überraschend, wie viele Perfektionisten das nicht über die Lippen bringen. Der Bauch wehrt sich mit Händen und Füßen. Bis sie diesen Satz verinnerlicht haben, braucht es häufig Zeit. Denn ihr Bauch verzehrt sich nach Anerkennung, und sie können noch nicht so recht glauben, dass Anerkennung und Liebe auch imperfekten Menschen zuteilwird. Tatsächlich ist dieses

* Für mehr Informationen sei auf das Buch *Perfektionismus. Wenn das Soll zum Muss wird* verwiesen.

Hecheln nach Anerkennung durch übertriebenen Arbeitsaufwand nichts als ein großer Bluff. Dahinter versteckt sich bloß ein grundlegendes Bedürfnis: »Hab mich lieb, akzeptiere mich, schätze mich wert!«

Doch weil uns in der Leistungsgesellschaft beständig eingeredet wird, niemals gut genug zu sein, können wir nicht glauben, dass irgendjemand uns mit all unseren Schwächen lieben und akzeptieren könnte. Der angstgetriebene Perfektionist fällt auf Verwechslung von Grund und Folge herein: Er glaubt, sein Chef würde ihn loben, *weil* er gut arbeitet. Dabei ist es meist der Fall, dass ihn der Chef lobt, *damit* er gut arbeitet. Dafür wird das Lob gut dosiert und auch einmal damit gespart, wenn es schneller gehen muss. Denn in der Leistungsgesellschaft wird alles eingesetzt, was die Produktivität steigert. Und wenn man mit dem Anerkennungsbedürfnis der Menschen nach dem Konzept Zuckerbrot und Peitsche umgehen muss, um noch ein paar Prozent zusätzlich herauszuholen, dann ist das eben so.

Als Prometheus das Feuer stahl

Der deutsche Philosoph und Anthropologe Arnold Gehlen prägte in den 1940er-Jahren den Begriff des Menschen als »Mängelwesen«. Laut Gehlen brauchen wir nur ein wenig um uns zu blicken, um festzustellen, dass wir physiologisch den meisten Tieren unterlegen sind. Wir sind langsamer, können weniger gut klettern, sind schwächer. Wir sind unserer Natur entfremdet, während sich Tiere problemlos darin zurechtfinden. Der Mensch versucht diese Schwächen zu kompensieren, indem er Kultur und Technologie als zweite Natur etabliert. Mit ihrer Hilfe kann er fliegen, in die Tiefen der Meere vordringen, jeden

Meter der Erde besetzen, sogar auf dem Mond landen. Doch er übersieht dabei, dass er mit diesem technologischen Exzess, der nebenbei – was Gehlen noch nicht berücksichtigte – Raubbau an der Erde betreibt, bloß eine schmerzliche Wahrheit hinausschiebt: Wir sind keine Götter.

Das muss auch der Titan Prometheus feststellen, als er die Allwissenheit des Göttervaters Zeus prüfen will. Bei einem Tieropfer greift Prometheus zu einer List und überreicht Zeus die ungenießbaren Stücke der Tiere, während er die genießbaren Teile für die Menschen aufhebt. Das erzürnt Zeus, und er verwehrt den Menschen zur Strafe das Feuer. Doch Prometheus' hält sich nach wie vor für den Göttern ebenbürtig, stiehlt das Feuer und bringt es den Menschen. Daraufhin verbannt ihn Zeus in das Kaukasusgebirge, wo er, angekettet an einen Felsen, jeden Tag Besuch von einem Adler bekommt, der seine Leber frisst. Doch über Nacht wächst diese wieder nach, sodass Prometheus Strafe ewig währt. Für jene, denen Happy Ends besonders wichtig sind, die in der griechischen Literatur bekanntermaßen eher selten vorkommen, sei gesagt: Prometheus wird schließlich von Zeus erlöst.

Prometheus gilt nicht umsonst als Beschützer und Helfer der Menschen. Diese teilen seinen Übermut, der ihn dazu trieb, es mit den Göttern aufzunehmen. Unsere prometheische Hybris wird uns früher oder später zum Verhängnis werden. Und was für die Menschheit als Ganze gilt, gilt genauso für das Individuum.

Der Perfektionist ist ein Mängelwesen, das nicht wahrhaben will, dass es ein Mängelwesen ist – weil er glaubt, keines sein zu dürfen. Er versucht mit aller Kraft, seine Schwächen zu überdecken und vor anderen zu verbergen, und hat immer Angst, dass er entlarvt wird. Das kostet ihn so viel Kraft und Energie, dass er am Ende ausgebrannt zurückbleibt – das prometheische Feuer ist erloschen. Doch das muss nicht sein. So gibt es auch für die drei Patienten aus diesem Kapitel einige einfache Methoden, sich ihrer Angst zu stellen und sie zu überwinden.

Grundlegend für die Therapie von Menschen mit Angststörungen ist die bereits erwähnte psychologische Unterscheidung zwischen extrinsischer und intrinsischer Motivation. Die extrinsische Motivation ist vom Zuruf und Lob von außen motiviert. Im extremen Fall ist sie behavioristisch: Dem Hund wird ein Leckerli zugeworfen, also macht er Platz: ein radikales Reiz-Reaktions-Verhalten.

Das Verhalten des Perfektionisten kann ähnliche Züge annehmen: Die Angst, im Urteil anderer nicht gut genug zu sein, motiviert ihn, sich aufzuopfern, immer wieder über den Stock zu springen. Es geht ihm nicht um den Stock, er sieht auch keinen Sinn darin. Er will nur gelobt – oder nicht bestraft – werden. Doch diese Motivation erfüllt ihn nicht, sie laugt ihn aus. Er motiviert sich nicht selbst, sondern wird von außen motiviert. Es gilt, von der extrinsischen Motivation weg und zur intrinsischen Motivation zu kommen. Dabei können die Gedanken von zwei bedeutenden Psychologen helfen.

Der österreichische Arzt Alfred Adler, Begründer der Individualpsychologie, hat schon vor hundert Jahren erkannt, dass wir in einem Dualismus eingespannt sind, den wir nicht so einfach auflösen können. Es ist der Dualismus zwischen Geltungsstreben und Gemeinschaftsgefühl.

Das Geltungsstreben des Menschen will ihn selbst in den Vordergrund rücken, will sich absetzen und erhöhen. Es treibt einen Keil zwischen das Ich und die anderen. Mit Hegel zu sprechen: Wir wollen der Herr sein. Dabei führt ein solches Geltungsstreben zur Isolation. Der geltungsbedürftige Mensch sieht sich ständig im Wettbewerb mit den anderen. Er ist seinem Bauch völlig ausgeliefert und fürchtet ständig, von irgendjemandem übertrumpft oder, noch schlimmer, als gewöhnlich entlarvt zu werden.

Dem gegenüber steht das Gemeinschaftsgefühl. Der gemeinschaftliche Mensch geht im sozialen Geflecht auf, erkennt sich als einer unter vielen an. Er empfindet Solidarität und besteht nicht auf einer besonderen Position. Er möchte seinen Teil zur Gemeinschaft beitragen, seine Arbeit soll Freude bereiten und Unterstützung ermöglichen. Eine solche Arbeit kann, muss aber nicht die erwerbstätige sein. Es kann die Arbeit in der Familie, unter Freunden, in Vereinen oder der Kirche sein.

Eine solche Arbeit ist intrinsisch motiviert. Sie wird nicht für kurzfristigen Erfolg oder Anerkennung getan, wonach der Bauch giert, sondern für ein langfristiges glückliches Zusammenleben. Wer aus einem inneren Bedürfnis handelt, den bringen Rückschläge weniger schnell aus der Fassung. Er weiß, dass er das Richtige tut.

Adlers Schüler, der Psychiater Fritz Künkel, hat das Konzept seines Lehrers weitergedacht. Auch er sieht einen Dualismus im menschlichen Seelenleben und bezeichnet die beiden gegensätzlichen Pole als Sachlichkeit und Ichhaftigkeit. Die Ichhaftigkeit ist bei vielen Menschen mit Angststörungen stark ausgeprägt. Sie kreisen ängstlich um sich selbst: Bin ich gut genug? Was sagen die anderen? Werde ich genügend wertgeschätzt?

Sie beziehen jedes Ereignis auf sich selbst und sind daher in ständiger Alarmbereitschaft. Überall lauert eine gefährliche Krankheit auf sie, hinter jeder Ecke wartet ein Fehler. Obwohl Patienten mit der Selbstdiagnose »Burnout« oft behaupten, sie würden alles für die anderen tun und sich keine Zeit für sich nehmen, kreisen viele von ihnen beständig um sich selbst. Sie sind so sehr mit sich und ihrer Angst beschäftigt, dass sie nicht mehr von sich selbst absehen können.

Das gelingt nur in Form der Sachlichkeit. Der sachliche Mensch verpflichtet sich zu einem Dienst an der Gesellschaft, er kann von sich selbst absehen. Das mag dem heutigen Drang, sich selbst zu verwirklichen, entgegenstehen. Doch erst in einem Dienst an anderen oder der Gemeinschaft können wir uns selbst finden. Im Tun für andere lernen wir, uns auf die Sache zu konzentrieren, nicht mehr alles auf uns zu beziehen. Unsere Handlung wird wichtiger als das, was jemand über uns sagen könnte, das Tun wichtiger als das Ich.

Es gibt eine schöne Anekdote, die diesen Unterschied verdeutlicht. Zwei Freunde gehen eine Straße entlang, als plötzlich ein Mann um Hilfe schreit. Er wird ausgeraubt. Die beiden Freunde machen sich schon bereit, ihm zu Hilfe zu kommen, als ein dritter Mann um die Ecke kommt, den Räuber heldenhaft aufhält, in die Flucht schlägt und dabei sogar die Geldtasche des beraubten Mannes sicherstellen kann.

Die beiden Freunde setzen ihren Weg fort. Der eine von ihnen ist erbost, dass ihm eine Gelegenheit gestohlen wurde, ein Held zu sein und selbst einzugreifen. Er ist in der Ichhaftigkeit verhaftet. Es geht ihm nicht um die Sache an sich, die gute Tat, sondern darum, dass er selbst diese gute Tat ausführt und daraufhin von anderen bewundert wird.

Der andere jedoch ist bloß froh, dass der bestohlene Mann sein Geld wiederbekommen hat und kein Schaden entstanden ist. Er lebt in der Sachlichkeit und muss nicht jede Handlung auf sich selbst beziehen. Die Geschichte wirkt bewusst konstruiert, aber wenn man die Konzepte von Ichhaftigkeit und Sachlichkeit auf eine gewöhnliche Büro-Situation, etwa unter den Augen des Chefs, überträgt, wird deutlich, wie oft uns dieses Verhalten im Alltag begegnet.

Der Perfektionist ist in der Ichhaftigkeit gefangen und kann niemals in einer Handlung aufgehen. Er erledigt zwar möglichst viele Aufgaben pro Tag, doch dabei wird er beständig von Gedanken gequält: »Mache ich womöglich einen Fehler? Erledige ich alles genau so, wie es sein sollte? Und wie schaue ich dabei aus?«

Gelingt es dem Menschen jedoch, sich gänzlich auf die Sache zu beziehen, verschwinden diese Gedanken. Als hätte jemand das weiße Rauschen des Fernsehgeräts ausgestellt, steht die Welt plötzlich still. In dieser Stille sind wir völlig bei uns, auf dem richtigen Platz. Es gibt keinen Unterschied mehr zwischen dem, was wir tun, und dem, was wir sind. Wir richten uns nicht mehr am Blick der anderen, für die Augen des Chefs, des Partners oder der Eltern aus, sondern entfalten uns selbstlos und natürlich.

So kommen wir zu unserem Platz in dieser Welt, wo eine Aufgabe, ein Dienst auf uns wartet. Wie ein Blatt, das einen Fluss hinabtreibt, gelangen wir an den Ort unserer Bestimmung, ohne dass wir diesen von Anfang an kennen würden. Eine Aussicht, die angsterfüllte Perfektionisten mit ihrem Kontrollzwang zutiefst entsetzt.

Tapfer sein

Wir haben in diesem Kapitel zwei Quellen der Angst kennengelernt, die den modernen Menschen in Geißelhaft halten. Da wäre zum einen die Angst vor dem Unkontrollierbaren und Bedrohlichen, sei es eine Krankheit, Krieg oder eine persönliche

Krise. Diese Angst kann berechtigt und legitim sein, doch durch Reizüberflutung und einen Mangel an Distanzierung (die nur durch die Reflexion des Kopfes gelingt) kann sie sich zu einer neurotischen Angststörung entwickeln, die uns lähmt.

Zum anderen werden viele Menschen von der ichhaften Angst geplagt, in den Augen der anderen nicht gut genug zu sein. Ihr Bedürfnis nach Anerkennung verschlingt all ihre Energie. Sie werden zu Perfektionisten und fühlen sich früher oder später ausgebrannt. Sie sind ein Produkt der Leistungsgesellschaft – ersetzbare Arbeiter, die bis zur Erschöpfung getrieben werden.

Und doch wollen sie dabei nur das urmenschlichste Bedürfnis befriedigen: Sie streben nicht nach Geld oder Ruhm, sondern nach zwischenmenschlicher Anerkennung. Dieses Bedürfnis schlägt mittlerweile sogar auf die Bezeichnung der Berufe durch, die eine Aufwertung signalisieren sollen: Es gibt keine Sekretärinnen mehr, sondern nur noch *Back-Office-Managerinnen.* Aus dem wissenschaftlichen Mitarbeiter wird ein *Research Fellow.* Am Gehalt oder der sozialen Stellung ändert sich zwar nichts, aber das ist egal, solange man glaubt, sich selbst und den anderen Menschen einreden zu können, wichtig zu sein.

Dabei schlägt die bauchgetriebene Begierde zu gefallen nicht nur in der Arbeitswelt durch. Aus Angst geht es vielen Menschen nicht mehr um die Frage: »Was ist wahr?«, sondern darum: »Wie stehe ich da? Was darf ich sagen?«. Sie sind nicht an der Wahrheit interessiert, sondern nur daran, zu gefallen. Dafür verleugnen sie ihre eigenen Werte und zwar so lange, bis sie keine mehr haben. Das macht sie zu willfährigen Mitläufern und krank obendrein.

In eine Angststörung gerät, wer dem aversiven Bauchgefühl nichts Vernünftiges entgegenzusetzen hat, wer also nicht kühlen

Kopf bewahrt. Wer vor lauter Emotion nicht mehr abstrahieren und differenzieren kann. Ebenso, wer nicht zwischen Wichtigem und Unwichtigem zu unterscheiden vermag. Wer also nicht genügend beherzten Kopf – oder vernünftiges Herz – einsetzen kann.

Der aversive Bauchmensch vergisst und verlernt, dass er durch beständige Übung langfristig gestalten könnte, was ihm Unlust bereitet und was Lust. Wir können den Bauch durch wiederholtes Einüben prägen! Wir können uns sowohl Faulheit als auch Angst abgewöhnen, wenn wir nur wollen. Natürlich nicht ganz mühelos – und daran scheitert es häufig. Doch wir sind unserer Angst nicht willenlos ausgeliefert. Dafür müssen wir zunächst lernen, uns rational von unseren Ängsten zu distanzieren.

Für den Perfektionisten bedeutet das zu erkennen, dass niemand beständig perfekt handelt und Fehler zum Handeln dazugehören. Eine konkrete therapeutische Übung kann sein, für Fehler bei anderen um Verzeihung zu bitten oder offen über seine Unzulänglichkeiten zu sprechen.

Der beherzte Kopf kann dabei helfen, den Bauch zu überwinden, indem er fragt: Wie schlimm ist es wirklich, wenn du einmal einen kleinen Fehler in deiner Mail machst? Wirst du dann sofort gekündigt, wegen einem Rechtschreibfehler? Machen denn die anderen nie Fehler? Schon bald wird klar werden, dass man an sich selbst Maßstäbe gesetzt hat, denen niemand anderer hätte gerecht werden können. Wie hätte man sie also selbst erfüllen können? Sich diese Fragen zu stellen, kann dabei helfen, sich selbst in seiner Unzulänglichkeit zu akzeptieren.

Danach müssen wir unsere Prioritäten ordnen. Dafür brauchen wir unser Herz: Hierarchie der Werte – davon war schon die Rede. Ist es wirklich wichtiger, nach offiziellem Dienstschluss noch drei Stunden Mails zu schreiben, anstatt mit seinen Kindern zu spielen oder sich um seinen Ehepartner zu kümmern? Anstatt samstags Aktenberge abzuarbeiten, bräuchten wir stattdessen in unserem Leben nicht Bewegung und Zeit in der Natur? Was sind die Dinge, zu denen wir uns ganz natürlich, intrinsisch hingezogen fühlen? Und haben diese Dinge genügend Platz in unserem Leben?

Das Arbeitsleben muss Grenzen haben. Wer mit sich selbst im Reinen ist, wird lernen, diese Grenzen klarer und eindeutiger zu ziehen. Das ist eine Frage der Gerechtigkeit: Auch deine Familie hat ein Recht auf dich, nicht nur dein Chef. Viele Dinge können auf den nächsten Arbeitstag warten, Zeit mit der Familie kann man nicht aufschieben. Die muss man nutzen, wann immer man kann, sonst wird man es bereuen, wenn es bereits zu spät ist.

Wenn wir lernen, zunächst den Kopf zu konsultieren und danach mit unserem Herzen die Entscheidung über unsere Prioritäten zu treffen, ohne auf den angstgetriebenen Bauch zu hören, wird es uns auch leichter fallen, Nein zu sagen. Das ist eine weitere Eigenschaft, die Perfektionisten oder ängstliche Menschen nicht in ausreichendem Maße besitzen. Bei zu vielen Gelegenheiten trauen sie sich nicht Nein zu sagen, weil sie Angst haben, irgendjemanden damit vor den Kopf zu stoßen oder gar faul zu wirken. Bald haben sie sich viel zu viel aufgelastet und wissen nicht, wie sie all die Aufgaben bewältigen sollen, von denen sie viel zu viele übernommen haben. Perfektionisten schlittern dadurch in immer größere Unordnung. Doch wer seinem vernunftberatenen Herz folgt und weiß, was ihm wirklich wichtig ist, der kann jemand anderem in die Augen sehen und klar sagen: »Es tut mir leid, aber dafür habe ich keine Zeit.« Oder auch: »Das möchte ich nicht machen.« Höflich, bestimmt und eindeutig. Und Sie werden sehen: Auf diese Weise versteht Sie fast jeder. Tatsächlich wird man es schätzen lernen, dass Sie klar sagen, was Sie können und was nicht. Sie müssen nicht immer und überall *everybody's darling* sein!

Die Psychotherapie hilft dabei, diese Verhaltensweisen zu kultivieren und den Bauch somit zu prägen. Selbstbestimmt zu werden, nicht mehr fremdbestimmt, getrieben von allerlei Ängsten! Zurück zu den eigenen Werten, die im Laufe des jahrelangen Buckelns, Kuschens und Mitläuferdaseins immer mehr abhandengekommen sind. In der Therapie übt der Perfektionist, pünktlich mit der Arbeit aufzuhören und das Handy ausgeschaltet zu lassen, wenn er mit Freunden oder Familie zusammen ist. Am Anfang wird ihm das schwerfallen, seine irrationale Angst vor negativen Konsequenzen wird aufwallen. Doch mit der Zeit wird es ihm leichter fallen, vor allem wenn er merkt, dass er nichts verpasst. Im Gegenteil, er beginnt so erst richtig zu leben.

Von Angststörungen geplagte Menschen wie die Patientin Frau C. am Anfang des Kapitels müssen zu Beginn der Therapie zunächst ihre Bauchgefühle offenlegen und darüber sprechen. Wovor habe ich Angst? Die Ängste zu benennen ist ein erster Schritt, sich von ihnen zu distanzieren. Frau C. plagten Ängste vor Corona und vor dem Tod ihres Katers.

Im nächsten Schritt hilft es, eine Liste mit all den Dingen anzulegen, vor denen man Angst hat – eine Angstliste. Nun muss der Patient jede dieser Ängste mit einem Wert von 1 bis 10 versehen – von leichter Furcht bis Todesangst. Im nächsten Schritt kommt die Vernunft, also der Kopf, ins Spiel: Der Patient muss überlegen, wie wahrscheinlich jede dieser Ängste ist. Es ist wichtig, Wahrscheinlichkeit nicht mit Möglichkeit zu verwechseln. Alle Dinge sind möglich, doch nur wenige sind wahrscheinlich.

Diese essenzielle Unterscheidung des Kopfes haben viele Menschen in den letzten drei Jahren unter dem Eindruck der Corona-Pandemie verlernt.

Es kann passieren, dass mich ein herabfallendes Klavier erschlägt, wenn ich morgen vor die Haustüre trete – wahrscheinlich ist das allerdings nicht. Wer ganz, ganz sicher sein will, trete lieber nicht aus dem Haus ... Neurotiker wollen eine Sicherheit, die es im Leben nicht geben kann, sondern nur im Tod. Deswegen distanzieren sie sich immer mehr vom Leben, persönlich und kollektiv. Hier haben die letzten drei Jahre gesellschaftlich eine beängstigende Gruppendynamik ausgelöst.

Die Vernunft muss hingegen lernen, Wahrscheinlichkeiten abzuschätzen, und mit Risiko zu leben. Patienten, die an Angststörungen leiden, fällt das meist sehr schwer. Sie müssen ihren Verstand aktiv einsetzen und sich vergegenwärtigen, wie irrational viele ihrer Ängste sind.

Doch das Vergegenwärtigen der Irrationalität allein löst das Problem noch nicht.

In einem letzten Schritt muss das Herz Tapferkeit beweisen. Wir erinnern uns: eine der vier klassischen Kardinaltugenden der griechischen Antike. Tapferkeit bedeutet nicht, keine Angst zu haben. Es bedeutet, sich trotz der Angst für das Richtige zu entscheiden, und dadurch die Angst zu besiegen. Die Angst verführt uns zu einer Strategie der Vermeidung: Ich habe Angst vor einer Sache, und daher halte ich mich von ihr fern, auch wenn die Vermeidung unvernünftig ist, weil sie mir schaden wird. Die angstbesetzte Sache bereitet mir Unlust. Und der Bauch tut alles, um Unlust zu vermeiden: Aversion.

Doch manchmal müssen wir uns überwinden, um etwas zu leisten. Wenn man sagt »uns überwinden«, dann meint man damit, unseren aversiven Bauchgefühlen zuwiderzuhandeln. Oft werden diese in der Summe auch scherzhaft *»innerer Schweinehund«* genannt. Wir müssen uns überwinden, um uns zu entwickeln, um bessere Menschen zu werden. Sigmund Freud sagt dazu treffend: *»Triebverzicht ist die Wurzel jeder Kultur.«*

Im Fall von Frau C. muss diese Angstliste, die auch eine Vermeidungsliste ist, langsam abgearbeitet werden. Sie muss sich schrittweise ihren Ängsten stellen. Zunächst wird sie mit Dingen beginnen, die ihr nur wenig Angst machen. In ihrem Fall könnte das etwa sein, die Katze jeden Tag eine Stunde in den Garten zu lassen, obwohl sie Angst hat, es könnte ihr draußen etwas zustoßen. Aber nicht dem Therapeuten zuliebe, sondern aus der Einsicht heraus (Kopf!), dass die Katze das vernünftigerweise durchaus überleben wird, auch wenn es sich zunächst anders anfühlt. Frau C. »muss« sich also überwinden, weil sie sich – beziehungsweise den inneren Schweinehund – überwinden *will* (Herz!). Mit der Zeit wird sie dann nicht nur wissen, sondern auch fühlen, wie unbegründet ihre Angst war. Angst ist ein kompliziertes Geflecht, ein Spinnennetz, in dem man sich schnell verfangen kann. Eine Angst kommt selten allein. In der Therapie kann man diesen Zusammenhang jedoch produktiv nutzen: Verringert sich meine Angst vor einer Sache, verringert sie sich auch vor anderen Dingen. Es ist wie bei kommunizierenden Gefäßen: Wird einem Behälter Flüssigkeit entnommen, verringert sich dadurch auch der Pegelstand im anderen Behälter. Lernt Frau C., die Katze nach draußen zu lassen, so wird auch die Furcht davor abnehmen, öffentliche Türklinken anzufassen – etwas, vor dem sie zuvor noch Todesangst hatte. Tapferkeit ist eine Tugend, die wir kultivieren können. Und mithilfe der Kardinaltugend der Tapferkeit werden wir unsere Ängste letztlich überwinden.

Dabei geht es nicht darum, ein angstfreier Mensch zu werden. Ein solches Leben wäre wohl auch nur von kurzer Dauer, denn gesunde Angst ist, wie bereits eingangs erwähnt, ein Alarmsystem, das unser Überleben sichert. Doch was wir lernen können, ist mit der Angst richtig umzugehen. Sie beherrscht uns nun nicht mehr, vielmehr sind es wir, die sie kontrollieren und nutzen können. Wir lernen zu unterscheiden, ob eine Angst irrational oder begründet ist, obwohl sich beide zunächst gleich anfühlen.

Das Ziel muss sein, ungeachtet unserer diversen Ängste einen Dienst zu verrichten, also eine Tätigkeit, die einen wahren Zweck erfüllt und uns Sinn gibt, ein Leben zu führen, entsprechend unseren mit Bedacht ausgewählten Werten. Wenn wir mehr auf den Dienst schauen, auf die Aufgabe, die uns das Leben gibt, wie der Psychiater Viktor Frankl zu sagen pflegte, und weniger auf uns und unsere Bedürfnisse, so schwindet auch die Angst. So transzendieren wir uns selbst. Gelingt uns das nicht, dann quält uns *das Leiden am sinnlosen Leben,* wie ein Buch von Frankl heißt. Wer einen Dienst verrichtet, nach seinen Werten lebt, muss sich nicht jeden Tag fragen, wofür er eigentlich aufsteht. Er ist intrinsisch motiviert, er kämpft nicht mehr um Anerkennung, verausgabt sich nicht mehr für das Lob von anderen. Er geht auf in dem, was er tut, weil er weiß und auch spürt, wie sinnvoll sein Tun ist. Und so, befreit von den Fesseln des Bauches, des eigenen Egos, ist er von Herzen bei der Sache, selbstlos und erfüllt.

»Sinn muss gefunden werden, kann nicht erzeugt werden«, schrieb Viktor Frankl. Für diese Suche müssen wir den Bauch, die Angst oder den inneren Schweinehund überwinden, die unseren Blick gefangen halten, und uns von dem Herzen leiten lassen: unseren Blick erheben zum Wahren, Guten und Schönen.

KAPITEL VIER: AGGRESSION

In den letzten Jahren drohte die Spaltung der Gesellschaft zunehmend zu einem Punkt jenseits der Versöhnung zu führen. Woher kommen die Verachtung und die Aggression, die sich gegen jene richten, die anders denken?

Hass ist das Bauchgefühl, das heute unsere Gesellschaft am stärksten gefährdet. Er hat viele verwandte Emotionen, allesamt nicht sehr angenehme Erscheinungen.

Man könnte die Gruppe als der »aggressive Komplex« zusammenfassen. Er hat viele hässliche Gesichter: Neben den bereits erwähnten Hass, Verachtung und Aggression findet man hier Streitsucht, Empörung, Beschimpfung, Respektlosigkeit, Beleidigung, Gereiztheit, Entwertung, Unversöhnlichkeit, Eskalation, Spaltung, Wut, Unterstellung, Diskriminierung, Spott, Demütigung, Erniedrigung, Vorverurteilung, Intoleranz, Rufmord, Vernichtungswille, Hetze, Fremdabwertung, Ekel, Abscheu, Zynismus, Trotz, Shitstorm, Feindseligkeit, Bosheit, Psychoterror, Gaslighting, Folter, soziale Ächtung, Quälerei, Sadismus, Ghosting, Cancel Culture …

Der »aggressive Komplex« gehört zu den aversiven Bauchgefühlen, aber im Gegensatz zur Angst, die eher an Flucht und Vermeidung denkt, geht der aggressive Komplex zum Angriff über.

Von den Freuden des Radfahrens

Das Rad wird als Transportmittel immer beliebter. Es ist umweltfreundlich, günstig und außerdem gut für die Gesundheit. Die Radwege werden auch immer besser, selbst wenn etwa Wien von Städten wie Kopenhagen oder Amsterdam noch einiges lernen kann.

Doch in den letzten Jahren hat sich der Umgang zwischen Radfahrern und anderen Verkehrsteilnehmern deutlich verändert. Und dieser Zweirad-Mikrokosmos lässt sich als anschauliches Beispiel für den gesellschaftlichen Makrokosmos verwenden. Die Tendenzen, die sich vermehrt beobachten lassen, haben mit dem zweiten großen Kapitel der Unlustvermeidung zu tun: der Verachtung, der Streitsucht und dem Hass.

Vor zehn oder zwanzig Jahren waren die Straßenteilnehmer schlicht ruhiger als sie es heute sind. Obwohl Menschen damals weit ungehemmter Rad gefahren sind. Wer trug zu dieser Zeit schon einen Helm? Wer klebte reflektierende Streifen auf das Rad oder die Kleidung? Rote Ampeln wurden eher als gut gemeinte Vorschläge verstanden, die Bremsen anzuziehen und sich kurz umzuschauen, bevor man die Kreuzung trotzdem überfährt. Und doch gab es insgesamt weniger Konflikte zwischen den Verkehrsteilnehmern als heute. Wenn ein Radfahrer unabsichtlich zu weit in der Mitte des Radweges fuhr und ein Überholen unmöglich machte, wurde er freundlich darauf hingewiesen, zur Seite zu fahren, und nicht von hinten lautstark beschimpft. Und er fuhr damals auch schneller zur Seite. Unkompliziert. Ohne Emotionen. Einem schnellen Radfahrer wurden auch keine Obszönitäten nachgerufen, sondern man schüttelte maximal still den Kopf. Im Grunde waren wir alle recht gelassen. Es ging ja um nichts.

Das soll kein Plädoyer für rücksichtsloses oder leichtsinniges Radfahren sein, ganz im Gegenteil. Doch das Verhalten der Radfahrer, der Verkehrsteilnehmer allgemein, verweist auf einen Missstand unserer gegenwärtigen Gesellschaft: Uns ist die Toleranz verloren gegangen. Es geht zwar noch immer um nichts, aber Empörung und Rechthaberei sind heute im Straßenverkehr allgegenwärtig. Blitzschnell wird moralisiert. Unter anderem zeigt sich das daran, dass wir keiner Gelegenheit für Streit mehr aus dem Weg gehen. Wer heute Zeitung liest oder durch Social-Media-Foren scrollt, könnte glauben, es tobe ein offener Krieg zwischen Autofahrern, Radfahrern und Fußgängern.

Der aggressive Komplex schlummert dicht unter der Oberfläche unserer Psyche und ist stets sprungbereit. Die Menschen sind gereizt und genervt. Oft wird kein gemeinsamer Weg gesucht, sondern man fährt lieber stur in eine Sackgasse, an deren Ende dann der unvermeidliche Konflikt wartet. Fährt ein Radfahrer zu schnell, wollen ihn andere Verkehrsteilnehmer am liebsten empört vom Rad reißen. Menschen suchen sofort nach Erklärungen für das Fehlverhalten anderer und nehmen dabei das Schlimmstmögliche an. Ein solcher Fahrer kann daher nur rücksichtslos, egoistisch, wenn nicht gar betrunken sein. Unterstellungen sind an der Tagesordnung.

Kürzlich ging ein Video viral, in dem ein Fußgänger einem Radfahrer, der sich nicht an die Regeln hielt, in der Fußgängerzone einer deutschen Stadt den Schirm in die Speichen rammte, ihn so zu Fall brachte und ihn dann – am Boden liegend – wegen seines »Vergehens« lautstark beschimpfte. Dabei war im Video deutlich zu erkennen, dass auf der Straße für alle genug Platz gewesen wäre. Aber das Verhalten des Radfahrers war gegen die Vorschrift: Das muss sofort bestraft werden.

Derartige Reaktionen sind nicht auf das Radfahren beschränkt: Ein Fußgänger, der bei Rot über die Ampel geht, riskiert heute soziale Ächtung, wo er früher bloß mit einem Achselzucken bedacht worden wäre. Binnen Sekunden schließen wir von einer einzelnen Handlung auf die gesamte Persönlichkeit des Handelnden. Ein Augenblick reicht uns schon, das Leben eines Menschen zu beurteilen. Noch eine Beobachtung soll hier besprochen werden. Mit Blick auf den Straßenverkehr ist zu bemerken, dass zwei scheinbar widersprüchliche Phänomene eindeutig zunehmen: die Rücksichtslosigkeit und der Regelgehorsam.

Rücksichtslosigkeit meint hier allerdings nicht rücksichtsloses Fahren, sondern fehlendes Mitdenken, wenn man Regeln stets strikt befolgt. Man kann vollkommen im Recht sein, keine der bestehenden Verkehrsregeln übertreten – und doch viele Radfahrkollegen oder Autofahrer blockieren. Viele Radfahrer haben kein Gespür mehr dafür, dass sie anderen das Fahren erleichtern, wenn sie nicht in der Mitte der Fahrbahn, sondern am Rand fahren würden. Das ist eine Form neuer Rücksichtslosigkeit, ein blinder Egoismus, der sich im Recht wähnt und keinen Grund wüsste, warum er jetzt anderen, schneller Fahrenden Platz machen sollte. Dazu kommt die bereits erwähnte Empörung, die selbst die kleinste Regelverletzung eines anderen hervorrufen kann, auch wenn sie in Wahrheit niemanden behindert. Fährt jemand zu schnell oder nicht auf der dafür vorgesehenen Spur, ist die Geduld in Sekundenschnelle aufgebraucht. Man nimmt keine Rücksicht, welche Motive dieser Mensch für sein Handeln haben könnte. Womöglich könnte er sein schnelles Fahren mit verständlichen Gründen darlegen. Doch man ist gar nicht an seinen Motiven interessiert. Perspektivenwechsel? Fehlanzeige!

Es ist schmerzhaft, wenn Menschen sich so schnell über jede kleine Abweichung von den Regeln lautstark empören. Gleichzeitig ist diese Empörung nur legitim, wenn sie selbst sich peinlich genau an die Regeln halten. Und so kommt es zu Situationen, in denen Menschen mitten in der Nacht bei Rot nicht über menschenleere Straßen gehen, obwohl weit und breit kein Auto zu sehen ist.

Daran, dass man bei Rot stehen bleibt, ist an sich nichts auszusetzen. Es geht auch nicht darum, dazu aufzurufen, Verkehrsregeln zu missachten. Es geht eben um Verhältnismäßigkeit und eine Straßenintelligenz, die die Verkehrsdynamik lesen kann. Erfahrene Radfahrer haben solche intuitiven Bauchgefühle und spüren, was geht und was nicht. Das bedeutet, mitzudenken, wann ich den Verkehr behindern könnte – auch wenn ich legalistisch gesehen im Recht bin. Oder eine unwichtige Regel übertreten, wenn ich dadurch einem anderen Verkehrsteilnehmer unkompliziert eine bessere Fahrt ermöglichen kann.

Das sklavische Festhalten an Regeln raubt heute vielen Menschen jegliches Gespür für Verkehrsdynamik und Verhältnismäßigkeit. Das sind Leute, die ihre Rechte sehr genau kennen – und nicht bereit sind, aus menschlich verständlichen Gründen Konzessionen zu machen. Gesellschaftliche Regeln sind eingeführt worden, um ein Zusammenleben zu ermöglichen und nicht, um uns einzuteilen in jene, die sie bis zum Letzten befolgen, und jene, die das nicht tun. Regeln sollen uns nicht spalten in moralisch gute und schlechte Menschen. *»Das Gesetz ist für den Menschen da, und nicht der Mensch für das Gesetz«*, ist eine alte Weisheit, die die Prinzipienreiter von heute nur mit großer Empörung zurückweisen würden. *»Da kunnt ja jeder kumman«*, beschreibt der Wiener Dialekt ebenso präzise wie unübersetzbar diese rigide Einstellung.

Der Kluge weiß, wann er sich an Regeln halten muss, aber auch, wann er sie übertreten darf. Wenn er etwa – mit dem Auto, bitte nicht mit dem Rad – einen verletzten Menschen ins Krankenhaus bringen muss, wird er die Geschwindigkeitsgrenzen vielleicht missachten. Umgekehrt wird der gelassene Mensch nicht vom Schlimmsten ausgehen, wenn er jemand anderen beobachtet, der Regeln einmal nicht einhalten sollte. Der Kluge geht mit einer wohlwollenden Unschuldsvermutung auf andere zu. Er bemüht sich, gütig zu denken und von Vorverurteilungen Abstand zu nehmen. Diese Fähigkeit ist uns definitiv abhandengekommen.

Woher kommt diese Radikalisierung der Emotionen? Warum sind wir heute so versessen darauf, die Motive anderer Menschen auszuforschen und diese dann sogleich zu beurteilen? Diese Verhaltensweisen sind nicht auf Verkehrsteilnehmer beschränkt, sondern durchziehen alle Ebenen der Gesellschaft. Das macht sich auch in den psychiatrischen Praxen bemerkbar.

Toleranz kommt vom Lateinischen *tolerare*, was so viel wie »erdulden« und »ertragen« bedeutet. Keinesfalls bedeutet es »gutheißen« oder gar »für wahr halten«. Dafür braucht man keine Toleranz. Viele Mitbürger halten heute eine Meinung, die von ihrer eigenen abweicht, für empörend, weil ihre »Toleranz« am eigenen Gartenzaun endet – wiewohl sie sich gerne als ganz besonders tolerant geben.

Freilich nur gegenüber Menschen, deren Meinungen sie sowieso teilen. Noch stärker wird die Empörung, wenn sie durch öffentliche Medien in ihrer Meinung bestätigt wurden. So fühlen sie sich sicher in der Mehrheit und der Empörung wird dann freier Lauf gelassen.

Unterschiedliche Meinungen sind aber natürlicher Bestandteil des gesunden sozialen Lebens. Bis vor Kurzem haben wir genau so die pluralistische Gesellschaft definiert. So sehr wir uns auch bemühen, es wird passieren, dass wir auf jemanden stoßen, der nicht unserer Meinung ist.

Genau darum ist es wichtig, eine tolerante Grundhaltung einzuüben.

Wer nicht lernt, in Klugheit zu tolerieren und zu akzeptieren, sondern bloß zu verachten, zu hassen und zu streiten, der wird in dieser vielfältigen Welt nicht glücklich werden. Und gleichzeitig kann eine Demokratie, die beständig streitet, hetzt und hasst, ohne die Versöhnung und die Akzeptanz zu beherrschen nicht überleben. Das Gemeinsame sollte in der Kommunikation immer über dem Trennenden stehen. Dazu braucht es Selbstrelativierung und Perspektivenwechsel, die Teilaspekte der Klugheit. Bei keinem anderen Thema hängt die gesellschaftliche Ordnung so sehr an den psychologischen Fähigkeiten der Bürger, die sie konstituieren.

Hass ist eine in die Enge getriebene Angst

Der aggressive Komplex, ein aversives Bauchgefühl, entsteht oft aus Angst, dem anderen aversiven Bauchgefühl, das im vorangegangenen Kapitel besprochen wurde. Angst kann zu Angststörungen führen, aber auch zu Hass und Aggression. Das klingt vielleicht für den psychologischen Laien unverständlich, es ist aber dennoch leicht erklärbar.

Bei einer gefühlten Bedrohung (sie braucht gar nicht real zu sein!) gilt das oben erwähnte physiologische *»Flight or fight«*-Prinzip, also Flucht oder Kampf, bei Tieren wie auch bei Menschen: Drängt man eine Katze in die Ecke und nimmt ihr jede Fluchtmöglichkeit, wird sie sich mit Zähnen und Klauen zur Wehr setzen.

Damit ist auch gesagt, dass Aggression – wie jedes Gefühl – durchaus eine nützliche Funktion hat. Wir müssen uns gegen Übergriffigkeiten zu Wehr setzen können, sonst sind wir verloren. Grenzen setzen ist ein Akt der positiven Aggression, die, so wie auch die Angst, nützlich sein kann, allerdings nur, wenn sie rational begründet ist. Es gibt folgerichtig daher auch vernünftigen Hass. Das wohl bekannteste Zitat eines friedfertigen Menschen in diesem Zusammenhang ist das von Augustinus von Hippo: *»Liebe den Sünder, und hasse die Sünde.«* Gegen das Böse – wie etwa politisch radikale Hetze von Rechts und Links – ist ein emotionales Immunsystem durchaus angebracht. Nicht allerdings gegen die Menschen – das wird oft vergessen.

Zurück zum *»Flight or fight«*-Prinzip: Die erste Reaktion eines Menschen auf eine Situation, die ihm Angst macht, wird oft ein Fluchtversuch sein. Diesen Wunsch kann der Körper durch Symptome signalisieren, die wir bei Panikattacken und Angststörungen erleben.

Ist aber Flüchten nicht möglich, dann fühlen wir uns gezwungen zu kämpfen. Aggression ist die emotionale Begleiterscheinung. Angst führt, wenn das Beängstigende länger bedrohlich bleibt, so auf direktem Weg zu Hass, zur Abwehr, zum aggressiven Komplex. Insbesondere entwickelt sich ein konkreter Hass, wenn wir ihn personalisieren können, eine vermeintliche Ursache ausmachen können, wenn wir also jemandem die Schuld für unseren Unbill umhängen können.

Wie etwa im Fall der Hexen zur Zeit der Pandemien in der frühen Neuzeit. Oder der vermeintlichen Schuld der Ausländer an meiner Arbeitslosigkeit. *Xenophobie* – da ist die Angst (*phobía*) schon im Namen enthalten. Weitere Beispiele aus der Geschichte sind so schmerzhaft, dass sie keiner detaillierten Erwähnung bedürfen. Hass ist der Affekt gegen die, die wir glauben bekämpfen zu müssen und dürfen. Hass moralisiert, entrüstet sich, beschuldigt, unterstellt und verurteilt. Und wenn er irgendwie kann, bestraft er auch gleich. Gefühlte Notwehr: Mit Hass geht das leichter, ohne schlechtes Gewissen. Hass legitimiert, noch leichter in der Gruppe. Die schrecklichen Pogrome des Mittelalters und der Neuzeit hatten diese Psychodynamik. *Flight or fight* – ein unseliger Automatismus, wenn bei irrationaler Angst der Kopf außen vor bleibt. Auch in der gegenwärtigen Corona-Pandemie wurden von verschiedenen Seiten eifrig und überraschend unreflektiert Schuldige gesucht. Hass war die Folge. Spaltung und Diskriminierung kam danach. Nichts gelernt wurde aus der Geschichte: »Nicht genügend, setzen!«, würde man in der Schule sagen.

Dieselbe Psychodynamik haben auch die digitalen Shitstorms unserer Tage, die die berufliche Reputation und die soziale Existenz ihrer Opfer innerhalb von wenigen Tagen vernichten können.

Die *Cancel Culture* folgt in einem weiteren Schritt daraus und auch die Kontaktschuld: »Wer hat schon einmal mit dem eben Hingerichteten geredet? Den erledigen wir gleich dazu!« Zerstörerischer Hass und Blutrausch sind die Motoren solcher medialer Schauprozesse, ein toxisches aversives Bauchgefühl aufgrund heftiger Empörung und Schuldzuweisung.

Man braucht sich nur umzuschauen: Überall ist von Polarisierung, Spaltung, Polemik die Rede. Verachtung und Empörung ist allgegenwärtig. Jedes politische und gesellschaftliche Ereignis ist zu einer potenziellen Sprengfalle geworden, die Familien und Freunde unversöhnlich auseinanderbringt – dabei kann es sich um eine politische Wahl handeln, genauso aber um alltägliche Entscheidungen wie der Fleischkonsum, die Wahl des Autos und des Urlaubs oder auch die Meinung über Dinge, die man selbst gar nicht beeinflussen kann.

Während der österreichischen Bundespräsidentenwahl 2016 erteilte ein Wiener Lokal allen potenziellen Wählern eines bestimmten Kandidaten (laut Umfragen immerhin fast fünfzig Prozent der Bevölkerung) medienwirksam und selbstgerecht ein Lokalverbot. Als der Lokalbesitzerin wegen dieser Entscheidung unfreundliche E-Mails ins Postfach flatterten, konnte sie das nicht verstehen, zeigte sich völlig entrüstet und empfand sich als Opfer.

Wer die Gesellschaft kritisch betrachtet wird zugeben müssen: Das Schwert sitzt uns allen locker in der Scheide. Schnell einmal wird der aggressive Komplex aktiviert, um uns »zu schützen und zu wehren«. Je länger wir so leben, je stärker wir Akzeptanz und Versöhnung hinausschieben, desto stärker versinken wir in unseren festgefahrenen Überzeugungen. Und desto schwieriger wird es auch, aus unserer Realität, die wir für die einzig wahre halten, herauszukommen.

Fall 13: Wie von Geisterhand

Tamara L. ist eine ältere Dame, mittlerweile in Pension und gut situiert. Sie lebt in einer Villa in einem Wiener Vorort und ist glücklich in zweiter Ehe verheiratet. Ihr zweiter Mann ist ebenfalls einmal geschieden und bringt aus der ersten Ehe einen erwachsenen Sohn mit, den Frau L. kennt und zu dem sie bisher immer ein kühles, aber respektvolles Verhältnis hatte.

Doch in den letzten Monaten hat sich das drastisch geändert. Frau L. befindet sich mitten in einem Konflikt mit ihrem Stiefsohn – und weiß nicht, wie sie damit umgehen soll. Sie fühlt sich von ihrem Mann im Stich gelassen und sucht daher den Psychiater auf.

»Am Anfang kam mir mein Stiefsohn wie ein ganz normaler junger Mann vor«, erzählt sie. »Natürlich finde ich es schade, dass ich keine Kinder mit meinem Ehemann bekommen habe, aber wir sind mittlerweile zu alt. Damit habe ich mich abgefunden. Zu seiner ersten Frau hat er keinen Kontakt mehr, um seinen Sohn jedoch kümmert er sich gut. Das finde ich sehr anständig. Doch in letzter Zeit verhält sich sein Sohn regelrecht feindselig mir gegenüber.«

Wie sich diese Feindseligkeit äußere, fragt der Psychiater.

»Er versteckt meine Sachen«, sagt L. aufgelöst. »Meinen Haustorschlüssel, meine Geldtasche, meine Brillen. Dinge, die ich für den Alltag brauche. Er ändert den Code auf meinem Handy, damit ich es nicht mehr benutzen kann, oder stellt Dinge in unserem Haus um, sodass ich sie nicht mehr finde.«

Der Psychiater ist sich mit Frau L. einig, dass es hierbei um Grenzüberschreitungen geht. Wie der Stiefsohn denn ins Haus kommt? Hat er einen Schlüssel?

»Nein«, antwortet Frau L. »Er kommt gar nicht ins Haus. Er wohnt in Deutschland.«

Diese Information verwundert den Psychiater. Wie kann er dann all die Sachen tun, die ihm Frau L. vorwirft?

»Das ist doch ganz einfach«, sagt Frau L. »Er tut das alles über das Handy und den Computer! In diesen Dingen kennt er sich sehr gut aus. Mit der modernen Technik kann man doch heute alles machen.«

Der Psychiater versucht, Frau L. zu erklären, dass der junge Mann unmöglich über das Handy ihre Möbel umstellen oder ihre Schlüssel verstecken kann.

»Das sagt mein Mann auch!«, ruft Frau L.

»Er schlägt sich auf die Seite seines Sohnes. Niemand glaubt mir!«

Der Psychiater versucht sanft, das Thema zu wechseln. Kann sich Frau L. vorstellen, warum er das tut?

»Es geht ihm um das Erbe«, sagt sie sofort. »Mein Mann ist sehr vermögend. Sein Sohn will mich bestimmt aus dem Erbe streichen lassen und alles für sich behalten!«

Der Psychiater hat langsam einen Verdacht. Er bittet Frau L., zum nächsten Gespräch auch ihren Mann mitzunehmen, denn offensichtlich belastet dieses Problem ihre Beziehung.

Beim nächsten Termin führt der Psychiater auch ein Einzelgespräch mit dem Ehemann von Frau L. Dieser bestätigt ihm, dass es sich bei Frau L. wohl um Wahnvorstellungen handelt. Der Stiefsohn lebt bereits seit drei Jahren in Deutschland und ist seit einem Jahr nicht mehr auf Besuch gewesen. Er besitzt keinen Schlüssel und hat keine Möglichkeit, das Haus zu betreten. Und die versteckten und verlorenen Sachen tauchen bald wieder auf, wenn der Ehemann sie sucht. Meist sind sie bloß an ungewöhnlichen Orten abgelegt, aber nicht versteckt.

»Ich mache mir Sorgen um meine Frau«, sagt er schließlich. »Es schmerzt mich, sie so zu sehen.«

Der Fall von Frau L. ist kein gewöhnlicher, da wir es hier mit ausgeprägten Wahnvorstellungen zu tun haben. Einige wichtige Lehren lassen sich dennoch daraus ziehen.

Frau L. hat Angst davor, dass sich ihr Stiefsohn das Erbe allein sichern will. Ob diese Angst berechtigt ist oder nicht, kann der Psychiater nicht so schnell beurteilen, aber es ist eine nachvollziehbare Angst und liegt im Bereich des Möglichen. Was jedoch nicht im Bereich des Möglichen liegt, sondern in jenem des

Wahns, ist die Behauptung von Frau L., ihr Stiefsohn würde mithilfe seines Handys oder Computers in ihr Leben eingreifen. In diesem Fall müssen ängstliche Wahnvorstellungen wahrscheinlich mit Medikamenten therapiert werden.

Wir wollen uns zunächst auf diese Angst konzentrieren. Aus ihr entsteht ein Hass dem Stiefsohn gegenüber: Er wird für die eigenen Unzulänglichkeiten verantwortlich gemacht. Da Frau L. zunehmend vergesslich wird, sich dies aber nicht eingestehen will, benötigt sie einen Schuldigen, um dies zu verdrängen. Die Wahrheit ist für sie schwer zu ertragen, denn sie würde ihre Selbstwahrnehmung als eigenständige Frau stören. Daher sucht sie einen Schuldigen, und findet diesen in ihrem Stiefsohn, dem sie aufgrund ihrer Angst vor der ihm unterstellten Erbschleicherei misstraut.

Was uns dieses Beispiel drastisch vor Augen führt, ist die Ausblendung aller Wahrscheinlichkeiten und Fakten. Frau L. ist nicht an der Wahrheit interessiert, wenn diese Wahrheit ihr konstruiertes Weltbild erschüttern kann. Sie steckt tief in ihrem eigenen Narrativ fest. Bei Frau L. kommt hinzu, dass sie an einer wahnhaften Störung leidet, die diese Realitätsverzerrung verstärkt. Doch in einer weniger drastischen Version sind wir mit diesem Problem auch innerhalb der Gesellschaft zunehmend konfrontiert. Menschen verweigern alle Fakten oder von ihren Vorstellungen abweichende Erklärungsmuster, um eine vermeintliche Realität zu bewahren, in der ihr Selbst- und Weltbild gewahrt bleibt. Das Herz leitet den Kopf nicht mehr an, sich auf die Suche nach dem Wahren zu begeben. Vielmehr übervorteilt der Bauch das Herz und spannt das Argumentationsvermögen des Kopfes für seine Zwecke ein. Das Herz gibt dem Kopf am Schluss enge Denkvorgaben, die nur mehr eine Rechtfertigung des eigenen Denkens und Handelns darstellen. Es geht nun nicht mehr darum, die Realität zu erkennen, sondern allein darum, recht zu behalten. In diesem Fall sind Menschen immer weniger in der Lage, sich selbst neu zu positionieren und mit abweichenden Meinungen in Dialog zu treten.

Streitsucht: Der Kampf gegen Windmühlen

Don Quijote ist eine streitsüchtige Figur. Er lebt seinen aggressiven Komplex tatkräftig aus. Tatsächlich ist der Kampf sein liebster Zeitvertreib: Er kämpft gegen Riesen, Drachen, böse Zauberer und feindliche Ritter. Doch nicht nur mit seinen mühsam zusammengeflickten Waffen zieht er ins Feld. Als brillanter Rhetoriker legt er sich verbal mit jedem an, der seine Stellung als Ritter anzuzweifeln wagt. Es ist ein Kampf gegen die restliche Welt.

Als Miguel de Cervantes 1605 den ersten Teil seines großen Romanwerks schrieb, war das Rittertum bereits aus Spanien verschwunden. Ritter wurden als Relikt der Vergangenheit angesehen. Spanien war gerade dabei, die »Neue Welt«, also Südamerika, zu erobern und zu kolonisieren. Man sah sich als fortschrittliche Nation, in der für Ritterlegenden und Fabelwesen kein Platz war.

Was Don Quijote so sympathisch macht, ist der Umstand, dass er ein wandelnder Anachronismus ist. Mit bürgerlichem Namen heißt Don Quijote Alonso Quijano und ist ein verarmter Landadeliger. Seine große Leidenschaft gilt Ritterbüchern. Er verschlingt so viele von ihnen, dass ihm, wie Cervantes schreibt, eines Tages *»das Hirn austrocknet«* und er sich selbst für einen Ritter hält. Also schnappt er sich den Bauern Sancho, der einst in seinen Diensten stand und der seinen alten Herrn aus Loyalität begleitet, und so ziehen beide in die Welt hinaus.

Psychologisch betrachtet hat Don Quijote – wie Frau L. im vorangegangenen Beispiel – eine wahnhafte Störung. Er formt die Realität in der Weise um, dass sie gut in sein Weltbild passt. Fakten und Tatsachen ignoriert er oder interpretiert sie auf unzulässige Weise, damit sie seiner eigenen, verdrehten Logik entsprechen. Auf seinem Weg begegnen ihm viele Menschen, die ihn überzeugen wollen, dass seine Vorstellung von der Realität ein Trugbild ist. Doch vergeblich – Don Quijote ist rhetorisch so bewandert, dass manche seiner Gesprächspartner selbst an der Realität zu zweifeln beginnen. Denn Menschen, die in einem Wahn verfangen sind, können durchaus redegewandt und intelligent sein. Tatsächlich benötigt es Intelligenz und Kreativität, sich die Welt immer wieder so zurechtzubiegen, dass sie den eigenen Annahmen zu entsprechen scheint.

Doch, und hier kehren wir zum aggressiven Komplex zurück, Don Quijote kann sich seiner Welt nur im Kampf versichern. Da er beständig auf Menschen trifft, die in einer anderen Realität leben als er, muss er sie mit Wort oder Schwert herausfordern. Denn ihnen zuzuhören, ihre Weltsicht zu akzeptieren, würde seine eigene unweigerlich erschüttern. Immerhin haben seine Gesprächspartner ein unschlagbares Argument auf ihrer Seite: Sie leben in der Wirklichkeit.

Besonders im zweiten Teil des Don Quijote, der 1615 erschien, deutet der Autor Cervantes an, dass seine Figur durchaus vom eigenen Trug weiß, doch ihn so lange wie möglich aufrechterhalten will. Sein Narrativ beginnt zu bröckeln. Würde er sich auf eine sachliche Diskussion einlassen, müsste er sein sorgfältig konstruiertes Weltbild aufgeben, in dem er ein heldenhafter Ritter ist und mutig gegen magische Feinde kämpft. Verständlich, dass er lieber in so einer Phantasiewelt leben möchte als in der tristen spanischen Region La Mancha seiner Zeit.

Die Blase verstärkt die Aversion

Die meisten Menschen haben glücklicherweise keine wahnhafte Störung, die so ausgeprägt ist wie jene von Don Quijote. Und doch sind einige Verhaltensmuster mit dem Blick auf heutige Verhältnisse wiedererkennbar. Wir konstruieren uns gerne eine eigene Wirklichkeit und sind tief in unsere Narrative verstrickt. Die zahlreichen Medien, Social-Media-Seiten und Internetforen machen uns die Weltflucht einfach. Jeder lebt heute wie Don Quijote mehr oder weniger in seiner Blase, wenn auch der Ritter von der traurigen Gestalt in einer ausgesprochen kleinen Blase lebte. Das ist eine gefährliche Entwicklung: Dadurch entfremden wir uns immer weiter von Andersdenkenden.

Wir haben mittlerweile die Möglichkeit, nur noch Informationen und Nachrichten zu konsumieren, die unsere Überzeugungen bekräftigen und verstärken. Diese Neigung, uns mit Informationen zu umgeben, die unsere eigenen Vorstellungen bestätigen, ist eine Neigung des Bauches. Denn vernünftig ist sie nicht. Die Vernunft interessiert sich für Argument und Gegenargument, um so dadurch vielleicht einen Schritt weiter – zur Synthese – zu kommen. Das ist nicht Sache des Bauches: Viel zu kompliziert. Der Bauch ist rechthaberisch, hat Angst davor, infrage gestellt zu werden, und möchte bestätigt, gelobt und geliebt werden. Er mag es kuschelig. Es geht ihm nicht um die Transzendentalie des Wahren, zu dessen Erkenntnis das Herz unseren Kopf bringen muss. Das Wahre kümmert sich nicht um unsere Befindlichkeiten, ja, vielmehr können wir an der Wahrheit nur teilhaben, wenn wir uns selbst nie zu sicher sind und stets offen bleiben für das andere. Diese Offenheit für das Wahre ist eine Entscheidung des Herzens. Eine gute Entscheidung.

Kritik, Selbstreflexion und das Verändern des eigenen Standpunktes hat der Bauch überhaupt nicht gern, denn es handelt sich dabei um durchaus anstrengende Vorgänge, die meist nicht sofort und kurzfristig Befriedigung oder Vorteile verschaffen. Wenn der Kopf nicht akribisch nach dem Wahren sucht, dann befindet irgendwann der Bauch, was sich »wahr« anfühlt. Der ist aber nicht befähigt, dieses Urteil zu fällen. Sehr schnell fühlt sich etwas wahr an – ohne es zu sein. Die Wahrheit fühlt man nicht.

Je weiter wir uns jedoch in eine Echokammer hineinbewegen, desto schwerer wird es für uns, wieder aus ihr herauszufinden. Unsere eigene Meinung wird uns überproportional wichtig und die Meinungen aller anderen werden zu Anomalien, zu Bedrohungen, die es zu bekämpfen gilt. Wir verlernen zunehmend, zu sagen: Du hast diese Meinung, diese Sicht auf die Dinge, ich habe eine andere. Wir müssen aber aushalten – tolerieren –, dass das so ist, divergente Sichtweisen akzeptieren und schauen, wo wir zusammenkommen können. Oft sind es Puzzlestücke, die zusammengelegt ein größeres Ganzes bilden.

Im Gegensatz dazu wird allzu oft jede Abweichung von der eigenen Überzeugung als Angriff auf unsere Lebenswirklichkeit gesehen. Das führt zur viel zitierten »Spaltung der Gesellschaft«. Jede politische Frage wird zu einer gesellschaftlichen Zerreißprobe, in Don Quijotes Welt: zu einem Kampf gegen Windmühlen.

Was Don Quijote und anderen Meinungskämpfern fehlt, ist die Klugheit und ihre kleinen Geschwister, die Selbstrelativierung und den Perspektivenwechsel. Klugheit bedeutet, wie bereits erörtert, die eigenen Gefühle reflektieren und beherrschen zu können, Distanz zu ihnen zu schaffen, sie nicht a priori als wahr und richtig anzunehmen. Wer klug ist, dem gelingt es, nicht jede Kritik als persönlichen Angriff zu sehen. Wer Klugheit besitzt, der reagiert auf Widerspruch nicht mit Wut oder Hass und benötigt nicht konstante Zustimmung.

Selbstrelativierung besteht darin, zuzugeben, dass wir nicht im alleinigen Besitz der Wahrheit sind, dass wir nur eine Seite des Würfels sehen und deswegen nicht alle sechs Zahlen des Würfels ausmachen können. Perspektivenwechsel wiederum bedeutet kurz gesagt, uns aufzumachen, den Würfel umzudrehen und so alle Zahlen zu sehen. Später werden wir uns mit beiden Begriffen noch näher beschäftigen.

Unsere Gesellschaft verliert zunehmend die Fähigkeiten der Klugheit und ihrer Geschwister. Wir konstruieren uns eine Welt, in der es ein klares Richtig und Falsch gibt, und stehen selbst natürlich immer auf der richtigen Seite. Wir halten uns an die Regeln – zumindest an die, die wir für richtig und wichtig erachten – und haben damit die Legitimation, über andere Menschen, die sich nicht an diese Regeln halten, zu urteilen. Dafür gibt es eine gute Beschreibung: Selbstgerechtigkeit. Aus ihr entstehen viele Formen des aggressiven Komplexes.

Moralischer Narzissmus – die Krankheit unserer Zeit

Ganz besonders intolerant werden Menschen, wenn sie ihre eigene Meinung moralisch konnotieren: Ihre Meinung ist nicht nur wahr, sondern auch »gut« und moralisch überlegen. Jede andere Meinung kann demnach nur »schlecht, böse« und minderwertig sein. Dieses neue soziologische Phänomen nennt man *moralischen Narzissmus*: Ich stehe über dir, weil ich richtig denke und handle und du hingegen falsch, schlecht, böse und minderwertig – nicht satisfaktionsfähig, hätte man früher gesagt. Moralischer Narzissmus ist unfähig – besser gesagt unwillig – zur Deeskalation und zur Selbstrelativierung.

Insofern erübrigt sich für den moralischen Narzissten jegliche Diskussion: Er hat sowieso immer recht. Und jeder, der unrecht hat, ist moralisch inakzeptabel! Daraus folgen auch gesellschaftliche Phänomene wie die *Cancel Culture*, die alles verhindert, was nicht politisch oder moralisch als »richtig« gilt und all diejenigen ächtet, die mit jemandem zu tun haben oder hatten, der nicht die »richtige« Meinung vertritt. Das ist die bereits erwähnte Kontaktschuld. Richtig mittelalterlich.

Die Schuldigen werden auch – wie damals – an den Pranger gebunden, wo sie jeder sehen und verspotten kann. Das alles wird hinterlegt mit einer guten Portion Empörung, ein zutiefst narzisstischer Affekt, der sich über den anderen erhebt, echauffiert und dem selbstkritisches Hinterfragen fremd ist. Was richtig ist, bestimmt der Narzisst, der die Wahrheit selbstverständlich gepachtet hat. Ein Irrtum ist dabei ausgeschlossen, Argumente sind überflüssig, kritische Fragen oder gar Gegenargumente eine Beleidigung. Der Narzisst ist ein Bauchmensch, dessen Herz am Ich klebengeblieben ist. Er ist gefangen in sich selbst: Aus Selbstidealisierung, Fremdabwertung und Selbstimmanenz besteht die narzisstische Trias.* Einer der wichtigsten

* Für mehr Informationen sei auf das Buch *Männlicher Narzissmus. Die Liebe, die um sich selbst kreist* verwiesen.

Fixpunkte der Narzissmus-Forschung lautet: Jeder Mensch hat narzisstische Anteile, jeder hat auch gesunde Anteile. Die Verteilung ist aber individuell verschieden. Es gibt in freier Wildbahn keinen hundertprozentigen Narzissten, dieser ist ein intellektuelles Konstrukt. Nur in diesem Sinn soll in der Folge von »dem Narzissten« die Rede sein.

Fall 14: Der bessere Mensch

Die 45-jährige Stephanie N. bittet spontan um einen Termin. Es muss schnell gehen, denn sie befindet sich mitten in einer Krise. Ihr Mann Rudolf hat sie soeben verlassen. Wie soll es jetzt weitergehen? Auch was ihre zwei gemeinsamen Kinder angeht, macht sich Frau N. sorgen.

»Mein Mann ist ein sehr verantwortungsvoller Mensch«, beginnt Frau N., als der Psychiater sie fragt, wie sie ihren Ehemann sieht. »Dafür schätze ich ihn. Er ist sehr streng: Er fährt seit Jahren mit einem Elektroauto und ernährt sich nur noch vegan. Er hat auch mich dazu gebracht, obwohl ich gerne zumindest ab und zu ein wenig Schokolade essen oder Milch trinken würde. Ich selbst könnte wahrscheinlich nicht so stark bleiben, dabei ist es so schlecht für die Umwelt. Er setzt sich überhaupt viel für das Klima ein und ist sehr sozial, arbeitet in vielen Vereinen mit und unterstützt ärmere Menschen.«

So weit klingt der Mann durchaus sympathisch. Wo denn das Problem läge, will der Psychiater wissen.

»Vor zwei Wochen ist er nach Hause gekommen und wollte mit mir etwas Wichtiges besprechen. Ich habe die Kinder zu Bett gebracht und mich dann mit ihm an den Küchentisch gesetzt. Da hat er mir erzählt, dass er seit Monaten mit einer anderen, zwölf Jahre jüngeren Frau schläft und mit ihr zusammenziehen will. Er meint, sie verstehe ihn viel besser als ich. Er hat mir vorgeworfen, dass ich im Grunde ein schlechter Mensch sei und dass ich seine Lebensweise nicht aus Überzeugung teile, sondern nur, um ihm zu gefallen.«

Ob das stimme, fragt der Psychiater.

Frau N. schlägt beschämt die Augen nieder.

»Alleine würde ich das wohl nicht so streng machen. Und ehrlich gesagt halte ich einiges auch für übertrieben. Aber ich weiß, dass er irgendwie Recht hat, und dass seine Lebensweise umweltfreundlich und gesund ist. Also habe ich mich bemüht, ihm entgegenzukommen."

Habe er diese Bemühungen denn gewürdigt, fragt der Psychiater weiter.

Es kostet Frau N. einige Überwindung, ehe sie sagt: »Nein, das hat er nicht. Vielmehr hat er mich oft beschimpft, wenn ich ihn in Frage gestellt habe.«

Auf welche Art beschimpft? Der Psychiater merkt, wie unangenehm es für Frau N. ist, darüber zu sprechen. Vermutlich befindet sie sich in einem Loyalitätskonflikt.

»Er hat mich angeschrien, dass ich ein schlechter Mensch bin, dass Menschen wie ich die Welt zerstören. Dass ich eine unverantwortliche Vollidiotin bin und jemanden wie ihn gar nicht verdient habe. Dass er mich jetzt satthabe und nach jahrelanger Aufopferung auch einmal an sich denken müsse. Außerdem habe er eine Verantwortung gegenüber seiner Geliebten, der er jetzt nachkommen müsse.« Bei den letzten Worten kommen der Patientin die Tränen. Der Psychiater reicht ihr ein paar Taschentücher und wartet, bis sie sich beruhigt hat.

Was ihr selbst denn wichtig sei, fragt er dann.

Frau N. überlegt. »Die Familie ist für mich das Wichtigste. Wir haben zwei Kinder, zwölf und acht. Mein Mann und ich arbeiten Teilzeit. Er nutzt die Freizeit für seine sozialen Aktivitäten und Sport und ich kümmere mich um die Kinder. Ich habe ihm das nie vorgeworfen, denn ich mache es gerne, aber es ist anstrengend.«

Und ob er das wertschätzen konnte, fragt der Psychiater, obwohl er die Antwort ahnen kann.

»Ich glaube nicht, nein«, sagt Frau N. und schnieft. »Bei unserem Gespräch vor zwei Wochen meinte er, meine Vorstellung von Familie sein veraltet und dumm. Er sagte, die Ehe sei sowieso überflüssig, und dass er nie hätte heiraten sollen. Wie wir die Kinder nun erziehen sollen, darüber will er nicht nachdenken. Er meinte, er müsse seinem Herzen folgen, dass sei das einzig Richtige.«

Warum ihr Mann geglaubt habe, dass seine Werte besser seien als ihre, fragt der Psychiater. Diese Frage lässt Frau N. nachdenklich werden.

»Darüber haben wir nie gesprochen«, sagt sie schließlich. »Für ihn war das völlig selbstverständlich.«

Der Mann von Frau N. ist das klassische Beispiel für einen moralischen Narzissten (präziser: er hat starke moralisch-narzisstische Anteile). Seine Werte sind – in seiner Vorstellungswelt – besser als die seiner Frau, weil es für ihn leichter und einfacher ist, sie einzuhalten. Verantwortung der Familie und den Kindern gegenüber zu übernehmen, kann anstrengend sein und verlangt auch ein gewisses Maß an Selbstaufgabe. Da er offenbar nicht bereit ist, diese zu leisten, redet er sich darauf hinaus, dass die Familie und die Ehe sowieso überkommene und irrelevante Werte sind. Offenbar hilft er in diversen sozialen Projekten fremden Menschen, doch für seine eigene Familie bleibt ihm keine Zeit. Doch ist das wirklich die Definition eines »guten Menschen«? Und ist es die einzig mögliche Definition?

Wir müssen uns hier an den narzisstisch-moralischen Reflex der Empörung erinnern: »Wie kannst du so schlecht sein, wenn ich doch so gut bin?« Zur Beurteilung dieser Frage werden willkürliche Kriterien herangezogen, die der Narzisst stets erfüllt. Ob vegane Ernährung und der Verzicht auf Benzinautos der Umwelt helfen, soll hier nicht erörtert werden. Doch es handelt sich dabei bestimmt weder um den einzigen Weg, ein guter Mensch zu sein, noch um den besten.

Wenn Frau N. ihre Kraft in die Erziehung der Kinder und den Zusammenhalt der Familie steckt, ist das mindestens genauso tugendhaft. Doch der moralische Narzisst lässt so etwas nicht gelten. Er konstruiert sich eine Welt, in der er selbst das Maß des Richtigen und Guten ist. Alles, was davon abweicht, ist minderwertig. Dadurch legitimiert er es, diese anderen Personen schlecht zu behandeln, oft sogar zu demütigen, zu verletzen und zu beleidigen. So fühlt sich dann der Ehebrecher seiner betrogenen Frau gegenüber auch noch moralisch überlegen. Das muss man sich auf der Zunge zergehen lassen! Manche Rechtfertigungen, die ein Psychiater zu hören bekommt, wirken wie eine Karikatur ihrer selbst.

Moralischer Narzissmus vergiftet nicht nur Ehen. Er lässt sich immer öfter auch in gesellschaftlichen Auseinandersetzungen beobachten. Selbst wenn Menschen miteinander diskutieren, die zwar verschiedene, aber gleichermaßen verständliche und nachvollziehe Positionen einnehmen, verfällt oft einer, oder es verfallen sogar beide in narzisstische Reflexe: Meine Meinung ist die richtige, also bin ich gut, also ist die des anderen falsch und der andere ist schlecht. Die Konsequenz ist anschwellende Empörung: »Wie kannst du bloß so denken?«.

Der typische Narzisst idealisiert sich selbst. Deswegen ist sein Gegenüber schlecht, wenn er nicht seiner Meinung ist, und auf schlechte Menschen braucht man nicht zuzugehen, man braucht ihnen nicht zuzuhören und sich nicht die Mühe zu machen, ihre Positionen nachzuvollziehen. Schlechte Menschen dürfen bedenkenlos ausgeschlossen, abgewertet, erniedrigt, zum Schweigen gebracht werden. Das ist das Resultat von Selbstidealisierung und Fremdabwertung. Wer mit offenen Augen durch die Welt ging, konnte in den durch die Corona-Pandemie dominierten letzten zwei bis drei Jahren diesbezüglich eine besorgniserregende Entwicklung wahrnehmen.

Narzissmus ist eine Verdunkelung des Herzens, die viele aversive Bauchgefühle des aggressiven Komplexes zur Folge hat. Gehen wir sie einmal durch: Das Gegenüber wird vom Narzissten zum Zwecke der Selbstidealisierung abgewehrt. Abwertung, Verachtung und Empörung stehen da bereits ganz am Anfang, zusammen mit Vorverurteilung, Diskriminierung, sozialer Ächtung von Andersdenkenden, zusammen mit Intoleranz und Spaltung. »Wie kann man nur so tief fallen, anders zu denken als ich?«, fragt sich der Narzisst empört.

In der nächsten Stufe der narzisstischen Aggression kommt es zur direkten Auseinandersetzung: Streitsucht, Beschimpfung, Beleidigung, Unversöhnlichkeit, Demütigung, Erniedrigung, Wut, Unterstellung, Feindseligkeit, Psychoterror, Gaslighting (die Wahrnehmung eines Menschen wird gezielt manipuliert) und Ghosting (plötzlicher, unbegründeter und vollständiger Kontaktabbruch). Ganz am Ende der narzisstischen Eskalationsskala finden sich dann der Vernichtungswille, Hass, Hetze, Rufmord, Shitstorm, Cancel Culture, Quälerei, Sadismus und Folter … Narzissmus ist der Nährboden für all diese destruktiven Emotionen.

Auch Don Quijote weist in seiner egozentrischen Realitätsverzerrung Züge eines Narzissten auf, freilich vergleichsweise harmlos, wenn wir das ganze Ausmaß des aggressiven Komplexes betrachten. Aber er zwingt alle Menschen um ihn herum, sich den Auswüchsen seiner Fantasie unterzuordnen. Sein Begleiter Sancho leidet oft unter den Handlungen seines Herrn, doch verfügt er über ein ausgeprägtes Pflichtgefühl und bringt es daher nicht über sich, seinen Herrn zu verlassen, auch aus Sorge, ihm könnte etwas Schlimmes zustoßen. Don Quijote macht sich dieses Pflichtgefühl zunutze: Im Stil eines Narzissten nutzt er Sanchos Schwäche aus, um ihn für seine Sache einzuspannen.

Ein Zitat, das dem berühmten Philosophen Hegel oft (wohl zu Unrecht) untergeschoben wird, lautet: *»Wenn die Wirklichkeit nicht mit der Theorie übereinstimmt – umso schlimmer für die Wirklichkeit.«* Damit kommt er der Weltanschauung von Don Quijote gefährlich nahe. Dieser narzisstische »Quijotismus« ist bis heute eine verbreitete Lebenseinstellung. Derzeit bemüht man etwa »die Wissenschaft« gerne zur Bestätigung der persönlichen, subjektiven Meinung, lehnt aber alle wissenschaftlichen Studien als »unwissenschaftlich« ab, die der eigenen Sichtweise widersprechen.

Mit seinem Verhalten bringt Don Quijote seine junge Nichte, die stetig um ihn fürchten muss, oft an den Rand der Verzweiflung. Er lässt sie allein auf seinem verfallenen Anwesen zurück und kümmert sich nicht weiter um sie. Don Quijote flieht vor den realen Aufgaben – vor der Sorge um seine Familie und seinem Heim – um das Land vor bösen Fantasiegestalten zu befreien und das ebenso imaginäre Burgfräulein Dulcinea von Toboso zu retten.

Wie der klassische Narzisst verweilt Don Quijote völlig im Ich und ist nicht in der Lage, auch nur einen Schritt auf das Du zuzugehen. Er hilft zwar scheinbar Menschen auf seiner Reise, aber stets nur in seiner Rolle als heroischer Ritter und Retter – und vor allem nach seinem eigenen Geschmack, um seiner selbst willen. Und er zwingt seinen selbstgefälligen »Schutz« anderen Menschen ungefragt und gewaltsam auf, sehr häufig zum Schaden derer, denen er vorgeblich helfen will. Aber als fahrender Ritter – so seine feste Überzeugung – steht er unter Haftungsausschluss für die Nebenwirkungen seiner Handlungen. Das wäre ja noch schöner! Auch darin finden sich Parallelen zu unserer Gegenwart. Doch es gibt Hoffnung – sowohl für Don Quijote als auch für die narzisstische Gesellschaft.

Eine Gesellschaft, die verlernt hat, mit ihren ungehemmten Bauchgefühlen umzugehen, läuft Gefahr, in narzisstische Muster zu verfallen, weil der unreflektierte Bauch immer zum Ich tendiert, zur Egozentrik. Der selbstlose Blick auf das Du ist dagegen eine Leistung des lauteren Herzens, eine bewusste Entscheidung. Wer sich nie selbst kritisch hinterfragt, und Menschen, die anderer Meinung sind, keine Empathie entgegenbringen kann, der wird beständig im Konflikt leben. Sein Schwert wird nie ruhen, und sein aggressiver Komplex wird über sich hinauswachsen. Hinter jeder abweichenden Äußerung wird er einen potenziellen Angriff wittern – im Sinne einer *narzisstischen Kränkung*. Ein solcherart gekränkter Mensch fühlt sich berechtigt, »endlich zurückzuschlagen«. Er liegt ständig auf der Lauer, um andere zu widerlegen, vermeintliche Missstände aufzudecken und die dafür Verantwortlichen bloßzustellen.

Der Narzisst mag der klügste Mensch der Welt sein, oder sich dafür halten – am Ende ist er allein. Allein, bis auf jene Menschen, die ihm nicht zu widersprechen wagen, weil sie von ihm abhängig sind. So heißt es in Shakespeares »Hamlet«: *»Oh Gott, ich könnte in einer Nussschale eingesperrt sein und mich für einen König von unermesslichem Gebiete halten!«* Kurzfristig Recht zu haben oder langfristig glücklich zu sein – der Bauch wird sich immer für Ersteres entscheiden, weil Recht zu haben momentane Lust bedeutet. Wir sollten nicht denselben Fehler machen.

Anatomie des Streits

Streit ist ein häufiges Thema in der Psychotherapie. Unerfreuliche und aggressive Auseinandersetzungen zwischen Menschen schlagen oft tiefe Wunden, die der Arzt mühsam verbinden muss. Streit ist kein Synonym für Meinungsverschiedenheit. Streit ist schon gar nicht das gemeinsame, respektvolle Ringen um die Wahrheit mit logischen Argumenten, sondern Streit wird immer emotional, polemisch und vor allem persönlich ausgetragen.

Das *»argumentum ad hominem«*, der Angriff auf die Person, wird zum prägenden Merkmal der schmerzhaften Begegnung, hinter der Sachargumente zurückbleiben: Verachtung, Beschimpfung, Beleidigung, Respektlosigkeit, Entwertung, Unversöhnlichkeit, Eskalation, Unterstellung, Demütigung und Erniedrigung sind seine Wesensmerkmale. Eine lange, traurige Liste von Varianten des aggressiven Komplexes wohnt dem Streit genuin inne.

Meist sind es Ehestreitereien, die sogar direkt vor dem Arzt ausgetragen werden. Denn es ist durchwegs unüblich, bei Konfrontationen mit dem Chef oder Kollegen gemeinsam den Psychiater aufzusuchen. Diese werden zwar beim Arzt auch häufig thematisiert, sie werden aber für gewöhnlich in Einzelsitzungen behandelt: Chefs werden in der Regel nicht so gerne zum Psychiater vorgeladen.

Streit ist immer ein Unglück – und unnötig wie ein Kropf. Es gibt kein »richtiges« oder »gutes« Streiten. Jeder Streit ist falsch und schlecht, weil Streit immer verletzt. Man kann Meinungsverschiedenheiten auch mit affektiver Reife lösen, gelassen, mit Klugheit, ohne die bissigen Hunde des aggressiven Komplexes auf den anderen zu hetzen.

Menschen streiten heute nicht nur mehr als früher, sie streiten auch anders: Der Streit eskaliert schneller. Es ist noch verständlich, wenn Menschen über etwas streiten, das ihre direkte Lebensrealität betrifft – etwa Geschwister bei der Aufteilung des Erbes oder Ehemann und Ehefrau bei Fragen der Erziehung.

Doch man möchte meinen, bei einem Thema, dass die Betroffenen in keinerlei Weise beeinflussen können, zum Beispiel bei einem Krieg in einem anderen Land oder der Politik eines fernen Staates, könnten die beiden Parteien unterschiedlicher Meinung sein und diese gegenseitig tolerieren. Doch zunehmend werden selbst solche Meinungsverschiedenheiten zu unüberwindbaren Problemen. Das geht so weit, dass wir nur noch Menschen um uns haben wollen, die genau das gleiche Leben führen, das Gleiche denken und das Gleiche fühlen, manchmal auch noch das Gleiche essen müssen wie wir. Social-Media-Seiten fungieren dabei als Echokammern, die die soziale Isolation nur noch vorantreiben. Und bald schon wirkt jeder Mensch, der eine andere

Meinung oder Weltsicht hat, selbst wenn es sich um Differenzen in den nichtigsten Fragen handelt, für uns wie ein seltsamer Abweichler, wie eine Bedrohung unserer geschützten und vertrauten Seifenblasenwelt.

Ungerechte Ansprüche und Bedürfnisse in Verbindung mit dem unreflektierten Bauchgefühl, im Recht zu sein und zu Unrecht mit Vorwürfen konfrontiert zu werden, sind die Basis von fast jedem Streit. Herr und Frau S. machen es uns vor:

Fall 15: Worüber streiten wir eigentlich?

Das Ehepaar Franz und Marlies S. kommt in die Therapie, weil die Partner ständig streiten. Mittlerweile streiten sie so viel, dass sie sich nicht mehr sicher sind, ob ihre Beziehung überhaupt noch funktioniert. Ob sie daran etwas ändern können?

Der Psychiater bittet zunächst, dass sowohl Franz als auch Marlies erklären, über welche Dinge sie konkret streiten.

»Es sind viele Kleinigkeiten«, sagt Marlies.

»Finde ich auch«, bestätigt Franz. »Aber Marlies macht aus jeder Mücke einen Elefanten. Und vor allem: Sie muss immer recht haben.«

»Franz fährt definitiv immer viel zu schnell, trinkt viel zu viel und ist dann sehr aggressiv und untergriffig, wenn ich etwas sage. Das sehen auch viele andere so wie ich«, antwortet Marlies.

»Er lässt sich von mir überhaupt nichts sagen.«

»Schwachsinn! Ich fahre überhaupt nicht zu schnell! Ich fahre völlig normal! Ich habe noch nie einen Strafzettel wegen Schnellfahrens bekommen«, verteidigt sich Franz sofort. »Marlies behauptet immer, ich würde uns beide beim Autofahren gefährden. Das ist an den Haaren herbeigezogen«, sagt er zum Psychiater. »Dabei ist sie es in Wirklichkeit, die uns gefährdet, wenn sie mir bei jeder Kurve ins Ohr schreit, ich soll langsamer fahren!«

»Wenn du mir einmal zuhören würdest, müsste ich es nicht jedes Mal sagen«, erwiedert Marlies und fährt fort: »Und Strafzettel hast du nur deswegen noch keinen bekommen, weil ich dich ständig warne!«

»Was?« Franz ist empört. »Das muss ich mir nicht bieten lassen, das ist ja verrückt! Ich habe auch keinen Strafzettel bekommen, wenn ich allein gefahren bin …«

»Wie redest du mit mir? Verrückt? Ich bin kein kleines Schulmädchen!« kontert Marlies, und zum Arzt gewandt: »Jetzt sehen Sie, wie er immer mit mir umgeht.«

Der Psychiater versucht, die beiden ein wenig zu beruhigen, und fragt, wann sie denn das letzte Mal gestritten hätten.

»Ich glaube, heute Morgen«, sagt Franz. Marlies nickt.

Und worüber? »Sie hatte wieder einmal irgendwas an mir auszusetzen«, sagt er.

Marlies: »Er hat mir nicht zugehört und mich nicht wertgeschätzt«.

Stille. Der Psychiater bittet die beiden nochmals, den Inhalt und den Hergang des heutigen Streits konkret, detailliert und möglichst sachlich zu wiederholen, um gemeinsam die Streitanatomie zu identifizieren.

Die beiden Eheleute blicken sich an. Dann zuckt Franz mit den Schultern. »Ich weiß es gar nicht mehr.«

»Ich auch nicht«, gibt Marlies zu.

Das Ehepaar S. hat sich dermaßen an den Streit gewöhnt, dass gar nicht mehr darüber nachgedacht wird, worüber und warum eigentlich gestritten wird. Kopflose Bauchgefühle herrschen vor.

Franz fühlt sich kritisiert. Marlies fühlt sich ignoriert. Gefühl, Gefühl, nichts außer Gefühlen! Es herrscht eine unreflektierte, stets *sprungbereite Feindseligkeit* zwischen den Eheleuten, bei der von vornherein jedes Wort des anderen verdächtig ist. Auf beiden Seiten wird viel (negativ) interpretiert und wenig nachgefragt. Das gegenseitige Misstrauen hat die absolute Lufthoheit im Hause S. Die schärfsten Waffen – die Worte »immer« und »nie« – werden sehr schnell gezückt. Generalisiert Marlies das Verhalten ihres Mannes über einzelne Handlungen (wie es der Bauch gerne tut, besonders wenn er sich als Opfer fühlt), verletzt das ihren Mann, und er schlägt zurück, ebenfalls mit einer ungerechten Generalisierung. Und so weiter, und so weiter … Die bissigen Hunde des aggressiven Komplexes sind von der Leine gelassen. Beide Ehepartner fühlen sich als Opfer, sie fühlen sich im Recht und sind überzeugt, dass sie über die Argumente des anderen nicht einmal nachdenken müssen.

Recht schnell wird in der Therapie klar, was für viele Streitigkeiten gilt: Der Grund des Zerwürfnisses besteht meist darin, dass das jeweilige Bauchgefühl sich nicht gehört fühlt, weder wahr- noch ernstgenommen. Jeder der Beteiligten fühlt sich angegriffen, steht mit dem Rücken zur Wand und fühlt sich im Recht, zurückzuschlagen – in unserem Beispielfall rhetorisch. Dann führt schnell jede kleine Meinungsverschiedenheit, ja sogar jedes unvorsichtige oder missverständliche Wort zu einem ausgewachsenen Streit. Bald entsteht der Eindruck, nur noch zu streiten, obwohl man manchmal gar nicht mehr weiß, worüber eigentlich gestritten wird.

Wenn man etwas Distanz gewinnt, findet man es oft sogar lächerlich, über welche Kleinigkeiten man sich aufregen konnte. Wenn Sie, liebe Leserin und lieber Leser, den Fall 15 tiefer analysieren wollen, dann unterstreichen Sie in den letzten drei Absätzen das Wort »fühlen« und »Gefühl«. Dann haben Sie den Fall verstanden und die Lösung in der Hand.

Herrschaft über die bissigen Hunde

Wie können wir nun lernen, Streit zu vermeiden und Meinungsverschiedenheiten friedlich zu regeln? Wie können wir die bissigen Hunde des aggressiven Komplexes in unserem inneren Zwinger belassen und nicht brutal auf den anderen hetzen? Zuerst müssen wir einmal mehr darüber nachdenken, was in diesem Prozess welcher der drei Instanzen Kopf, Herz und Bauch zuzuschreiben ist.

Der Kopf sammelt Argumente in jeder Diskussion, analysiert das Gesagte und wägt es rational ab. So weit, so gut. Doch er allein kann uns nicht helfen, wenn das Herz im Streit den aversiven Bauch nicht zügeln kann. Und wenn der Bauch des einen Diskutanten durchgeht, galoppiert der Bauch des anderen meistens mit. Kontrollverlust ist die Folge. Denn ein ungebremster Bauch fühlt sich immer im Recht, wird unseren Verstand entsprechend manipulativ lenken und seine stärkste Waffe einsetzen. Das ist nicht das gute Argument, sondern der aggressive Komplex. Wenn der Bauch die Herrschaft übernommen hat, setzen wir die Vernunft im Sinne des intellektuellen Überbaus nur noch dazu ein, um recht zu haben. Beharrlich suchen wir nach jedem Argument, dass unsere Position stärkt und die des Gegenübers schwächt. Kein rhetorisches Mittel, kein taktischer Kniff ist uns zu schade. Es geht nur noch darum, recht zu behalten. Wir verlieren das Entscheidende aus den Augen: das Wahre. So kann uns der Kopf nicht helfen. Auf diese Weise vom Bauch und einem schweigenden Herzen korrumpiert, trägt der Kopf stattdessen nur dazu bei, unsere Bauchgefühle zu legitimieren. Er sammelt Gründe dafür, warum unser Verhalten das richtige ist und das der anderen falsch. Durch verdrehte, gekünstelte Argumente befeuert er den Streit, statt zu beschwichtigen.

Nehmen wir den Fall 14 des Ehemanns von Frau N.: Er hat seine Vernunft nur dazu eingesetzt, um nach Gründen zu suchen, die sein Verhalten rechtfertigen. Dabei unterstellt er seine Vernunft seinen Bauchgefühlen, die den Weg des geringsten Widerstands gehen wollen. Er möchte lieber soziale Arbeit verrichten, für die er Lob und Würdigung von anderen erfährt, anstatt für seine Familie da zu sein, eine Aufgabe, die seinen narzisstischen Teil weniger befriedigt, weil es dafür von außen weniger Applaus und Bewunderung gibt.

Um ein derartiges Verhalten zu vermeiden, müssen wir unser Herz bilden. Bilden bedeutet, es richtig auszurichten. Wir müssen uns bewusst dafür entscheiden, das Wahre, Gute und Schöne zu suchen. Ein Leben lang. Sicher ist diesbezüglich: *»Wer suchet, der findet.«* Wer bereit ist, sich auf die Suche nach dem Guten zu begeben, hat sich ihm schon gewidmet. In dem Fall könnte man fast mit Konfuzius sagen, dass *»der Weg das Ziel«* ist. Wer nicht sucht, der korrumpiert sein Herz: Dem Streitsüchtigen ist es völlig egal, was das Wahre und Gute ist – er sucht den Streit und sonst nichts.

Eine einzelne Person besitzt zwar niemals die völlige und ausschließliche Wahrheit. Das bedeutet aber nicht, dass es die objektive Wahrheit nicht gibt. Es mag zwar jeder seine eigenen

Blickwinkel haben – aber jeder Blick ist auf dieselbe Wahrheit gerichtet. Man kann von einem Würfel sechs verschiedene Zahlen sehen, je nach der Position, in der er liegt. Doch es gibt nur einen Würfel, auf dem sich alle sechs Zahlen finden. Setzt man die Sicht des anderen seiner eigenen gleich, wird man diese Wahrheit gemeinsam erkennen.

Das Wahre zu suchen bedeutet, sich auf eine Reise zu begeben, deren Ende man nicht im Vorhinein kennt. Ob ich am Ende in meinen Überzeugungen bestätigt werde oder ob ich diese revidieren muss, kann mir am Anfang niemand sagen. Wenn ich von anderen verlange, ihre Einstellung zu revidieren, dann muss ich selbst auch dazu bereit sein, das zu tun. Doch die Entscheidung dazu kann der Kopf allein nicht treffen, und der Bauch ist ohnehin nicht interessiert daran. Entscheiden kann dies nur das Herz.

Neben dem Wahren müssen wir auch nach dem Guten streben. Doch auch in diesem Streben lauern Fallstricke. Denn zweifellos würde ein moralischer Narzisst wie der Mann von Frau N. behaupten, seine soziale Arbeit sei ein Beitrag zum Guten. Hat er damit recht?

Nein. Besonders das Gute wird von moralischen Narzissten gerne missbraucht, um es sich selbst zuzuschreiben. Der Unterschied zwischen einem guten Menschen und einem moralischen Narzissten – einem selbsternannten *»Gutmenschen«* – ist, dass ersterer ein Leben lang nach dem Guten sucht und seine Handlungen in einem mühevollen Ringen danach ausrichtet.

Zweiterer hingegen sucht nicht danach, sondern deutet selbstherrlich die Moral nach seinen Handlungen und seinen Vorstellungen um. Deswegen muss er sich nicht mühevoll ändern. Er schiebt das Gute vor. Er selbst ist das Maß aller Dinge, keinesfalls unterwirft er sich einem objektiv Höheren und ewig Gültigen.

Bereits der deutsche Philosoph Immanuel Kant hat sich die Frage gestellt: Wie können wir wissen, dass wir Gutes wirklich um des Guten willen tun und nicht bloß, um uns selbst besser zu fühlen, vielleicht sogar nur, um Applaus zu bekommen? Kant sprach davon, andere Menschen niemals bloß als Mittel, sondern immer auch als Zweck zu behandeln. Das bedeutet, unsere Motivation, anderen Menschen zu helfen, sollte nicht bloß darin bestehen, dass wir uns nachher besser und moralisch überlegen fühlen.

Hilfe ist dann wirklich hilfreich, wenn sie selbstlos ist. Und das ist sie, wenn sie aus einer Entscheidung des Herzens für das Gute entsteht, ohne Rücksicht auf eigenen Profit. Sonst landen wir im *»Helfer-Syndrom«*, bei dem der Helfer emotional mehr von seiner Tat profitiert als dem Geholfenen. Hier wären wir wieder bei der intrinsischen Motivation: Etwas einfach deswegen zu tun, weil man es für gut und richtig hält. Es ist hilfreich zu fragen: Würde ich diese Hilfe auch leisten, wenn sie völlig unbemerkt geschieht und ich keine Gegenleistung dafür erhalte? Wenn ich Verantwortung übernehmen und womöglich auch Opfer bringen muss?

Kant versuchte, dieses Problem mit Hilfe des *kategorischen Imperativs* zu lösen: Tue nur Dinge, von denen du auch wollen kannst, dass sie ein allgemeines Gesetz werden. Das ist im Grunde eine verkopfte Abwandlung der jahrtausendealten jüdischen *»Goldenen Regel«*: *»Alles, was ihr wollt, dass euch die Menschen tun, das tut auch ihnen! Darin bestehen das Gesetz und die Propheten.«*

Diese Regel ist genau die Sollbruchstelle und das Erkennungsmerkmal des Narzissten: Er will (sehr!) gut behandelt werden, aber selbstverständlich muss er die anderen nicht ebenso gut behandeln. Er ist ja schließlich etwas Besonderes, während die anderen nur Mittelmaß sind.

Kant weist im *kategorischen Imperativ* auf etwas hin, das für unsere Streitkultur ganz entscheidend ist: Die Notwendigkeit, uns selbst relativieren zu können. Vom Absolutheitsanspruch des Bauches Abstand zu nehmen und Distanz zu gewinnen zu den eigenen Bedürfnissen. Viktor Frankl prägte dafür das Wort »*Selbstdistanzierung*«. Dem berühmten Psychiater zufolge ist das neben der Orientierung an Werten die zweite Voraussetzung für die Möglichkeit der Selbsttranszendenz. In der Sprache von Platon und Aristoteles fiele das unter die Kardinaltugend der Gerechtigkeit – *jedem das Seine zu geben*: Das reduziert den eigenen, natürlich-egoistischen Anspruch und wertet den Anspruch unserer Mitmenschen auf.

Es gibt zahlreiche Methoden, die man anwenden kann, um sein Verhalten am Guten, Wahren und Schönen zu orientieren. Denn Streit ist weder schön noch wahr noch gut.

Deswegen ist der richtige erste Schritt, im Streit *Abstand* zu suchen und diesen damit fürs Erste zu beenden. So kann man erreichen, dass sich die überhitzten Benzinkanister des aggressiven Komplexes nicht entzünden. Denn wenn der Knüppel erst einmal aus dem Sack ist, ist guter Rat teuer. »Den Mund halten« ist die Devise. Hilfreich ist dabei meist auch körperlicher Abstand, sodass beide in Ruhe und Stille ihr Mütchen kühlen können. Bei erfahreneren Gesprächspartnern kann es aber auch ein Themenwechsel im Gespräch sein – wenn er früh genug erfolgt.

Der Grund dafür wurde bereits analysiert: Der Bauch hat keine Lust, sich selbstkritisch mit seinen Fehlern zu beschäftigen. Das muss das Herz übernehmen, das mit großer Willenskraft den Bauch überwindet und den Kopf mit diesem Thema beauftragt. Wichtige Dinge sollten deswegen nicht aus dem Affekt heraus besprochen werden, weil der Bauch anfangs noch zu mächtig und unbeweglich ist. Wenn Frau S. mit ihrem Mann im Auto eine Grundsatzdiskussion während eines Überholmanövers führen will, wird das für beide Seiten womöglich wenig glücklich verlaufen. Besser wäre es, sie wartet, bis ihre ersten Gefühle verflogen sind, überlegt sich, was genau sie sagen möchte, und bringt ihr Anliegen in einem ruhigen Moment vor.

Bei gewichtigen Angelegenheiten kann es durchaus sinnvoll sein, eine Woche zu warten, ehe die aggressiven Gefühle verflogen sind und man eine sachliche Diskussion führen kann. Es ist kontraproduktiv, wenn man von seinem Partner immer sofort und auf der Stelle eine Antwort erwartet. Diese wird in der Regel emotionsgeladen ausfallen und niemanden befriedigen. Im schlimmsten Fall rutschen so auch Wörter heraus, die unter normalen Umständen nicht gesagt werden würden. Einmal draußen, kann man sie aber nicht mehr zurücknehmen. Verlässt also Ihr Partner nach einer Diskussion den Raum, dann laufen Sie ihm nicht nach und zwingen ihn zu einer Antwort. Geben Sie ihm Raum und Zeit, um die aggressiven Gefühle vorbeiziehen zu lassen und dann in Ruhe antworten zu können.

Danach muss im zweiten Schritt die bereits erwähnte *Selbstrelativierung* geübt werden. Zunächst allein, in Ruhe. Dabei vergegenwärtigt sich der Betroffene in kritischer Selbstreflexion, dass das Bauchgefühl, immer alles besser zu wissen als die anderen, schlichtweg falsch ist. Auch wenn es sich im Streit nicht so anfühlen mag. Und das feindselige Bauchgefühl, dass der andere »immer« unrecht hat und es nicht gut mit einem meint, ist ebenso falsch. Der »Streithansl« und die »Krawallnudel« müssen auf Distanz gehen zu diesen beiden Bauchgefühlen mit Absolutheitsanspruch. Beide Seiten müssen einüben, dass er oder sie fehlerhaft sind, und dass sie aus dem Affekt heraus wohl keinen kühlen Kopf bewahren können, um die Dinge sachlich auseinanderzudividieren.

Der ebenfalls bereits eingeführte Begriff *Perspektivenwechsel* beschreibt den dritten Schritt. Das ist schon eine Übung, die einen abgekühlten Kopf benötigen. Der Perspektivenwechsel hilft, zuerst kognitive und dann auch emotionale Empathie zu entwickeln, also zunächst Verständnis des Kopfes, später Einfühlen des Bauches in die Position des anderen. Die Bereitschaft zum Perspektivenwechsel ist eine Entscheidung des offenen Herzens. Ein verhärtetes Herz ist dazu keinesfalls bereit. Vor allem in der Paarbeziehung hilft es, wenn sich ein Partner in den anderen hineinversetzt und versucht, dessen Standpunkte und Motivationen nachzuvollziehen. Oftmals kann so verstanden werden, warum sich der andere über etwas aufgeregt hat oder eine andere Meinung vertritt.

Danach ist im vierten und letzten Schritt die *Aussprache* an der Reihe. Das ist fast der wichtigste Teil, den viele vergessen. Aber was wahrgenommen wurde, muss raus! Die Kröte darf nicht geschluckt, sie muss ausgespuckt werden. Aber ruhig und liebevoll, voller Selbstrelativierung. Wer das nicht tut, wird sicherlich beim nächsten Mal explodieren, weil der Partner das, was ihn stört, »immer« macht. Nichts darf ungesagt bleiben – aber in den Affekten der Demut und Liebe, nicht im aggressiven Komplex. Hilfreich kann es dabei auch sein, dem anderen erst einmal ruhig zuzuhören und seine Meinung zu wiederholen, Wort für Wort, ehe man seine eigene vorbringt – ein solches Vorgehen hilft, die Situation zu beruhigen, und baut Brücken zwischen

Menschen, auf denen sie einander begegnen können. Das kann verhindern, das sich der andere unverstanden fühlt. So könnte Herr S. versuchen, sich vorzustellen, wie es für seine Frau ist, wenn sie seinem Fahrverhalten ausgesetzt ist. Er mag sich vielleicht sicher sein, dass er nie einen Unfall bauen würde, aber wie kann er ihr dieses Gefühl geben?

All diese Methoden – (1) Abstand, (2) Selbstrelativierung, (3) Perspektivenwechsel und (4) Aussprache mit Wiederholen der anderen Meinung – helfen dabei, Meinungsverschiedenheiten ohne Streit beizulegen.

Durch sie lösen wir uns von unseren Gefühlen, die im ersten Moment nur defensiv sind. Wir können Distanz zu uns selbst gewinnen und uns so auch leichter in die andere Person hineinversetzen. Das gilt für jeden Streit, egal ob er in Beziehungen vorkommt, zwischen Freunden, in der Arbeit oder sonstwo. Es sind Methoden der Deeskalation. Denn bleibt Wichtiges unausgesprochen, dann wiederholt sich dieselbe Kaskade immer wieder und der Kampf des aggressiven Komplexes wird immer primitiver und gehässiger. Dies gilt für alle Beziehungen, ist aber besonders gut nachgewiesen für die partnerschaftliche Kommunikation.

Auch außerhalb der Partnerschaft müssen wir das Herz immer wieder neu prüfen, auf das Gute ausrichten und unsere Werte zur Richtschnur unseres Handelns machen. Entscheidend für die konstruktive Austragung einer Meinungsverschiedenheit ist auch die Einsicht, dass viele Fragen gar keine moralischen Fragen sind.

Das bedeutet, der selbstgerechte Affekt der Entrüstung hat unter zivilisierten Menschen keinen Platz. Wie bereits erwähnt, streiten wir oftmals über Dinge, die entweder völlig banal sind oder von uns als Individuen kaum beeinflusst werden können. Das müssen wir uns vergegenwärtigen.

Wir neigen dazu, jede Meinungsverschiedenheit zu einem Kampf zwischen Gut und Böse zu stilisieren. Von der Wahl der Kleidung, den Ernährungsgewohnheiten, dem Urlaubsziel bis zur Wahl des Fortbewegungsmittels streiten wir uns oft so intensiv, dass irgendwann eine Versöhnung unmöglich wird. Dabei sind solche Entscheidungen bloß kleine Teile unserer komplexen Persönlichkeit und richten nicht darüber, ob wir gute oder schlechte Menschen sind.

Auch auf politische Entscheidungen trifft das häufig zu. Menschenverachtende, extremistische Meinungen von rechts und links sind natürlich abzulehnen, aber dazwischen gibt es ein weites Feld von Positionen und Werten, die ein Mensch vertreten kann, ohne seine gesamte Persönlichkeit darüber zu definieren. Wir müssen gewisse Einstellungen nicht mögen, doch wir tun gut daran, sie zu akzeptieren, und dabei hilft es, sich immer wieder zu vergegenwärtigen, dass die meisten dieser Fragen eben keine moralischen Fragen sind. Sie entscheiden nicht darüber, ob jemand gut oder schlecht ist. Daher sollten wir Menschen auch nicht vorschnell beurteilen und nach einzelnen Meinungen oder Handlungen bewerten.

Es ist diese Verwirrung, die banale Meinungsverschiedenheiten in existenzielle Konflikte kippen lässt. Wir geben ihnen eine Dimension, die sie von sich aus gar nicht haben. Und dadurch rutschen wir immer weiter ab in eine narzisstische Empörungsgesellschaft, die verbrannte Erde hinterlässt, wo auch immer Menschen nicht der gleichen Meinung sind.

Ein Pferd für eine Insel

So wie Don Quijote zuletzt seine Fehler einsieht, können auch wir uns ändern. Einmal mehr ist es entscheidend, dass wir nicht einfach unserem Bauch freien Lauf lassen, denn so werden wir uns niemals ändern können, zumindest nicht zum Guten. Wenn der Bauch den aggressiven Komplex zum Rundumschlag verwendet hat, haben wir dennoch die Freiheit, danach um Verzeihung zu bitten. Das kittet Beziehungen nicht nur notdürftig, es ist ein handfester Neubeginn.

Motor der Bekehrung ist immer das Herz, das bereit ist, sich nach einem Fehltritt neu am Guten auszurichten. Aus dem Herzen heraus können wir unser Verhalten ändern, auch wenn es sich um jahrzehntelang eingeübte Muster handelt. Wir müssen uns dafür zur Tugend erziehen, denn die Tugend ist die Leichtigkeit im Tun des Guten. Leicht kann dies deswegen werden, weil in der Tugend auch der Bauch auf das Gute hin ausgerichtet ist und man so Lust auf das Gute hat, während das Böse mit Unlust konnotiert ist. Wir können uns dafür ein Beispiel an Sancho Panza nehmen, dem treuen Weggefährten von Don Quijote.

Sancho ist unendlich gutmütig, was nicht unbedingt dasselbe ist wie gut. Aber er ist treu, er weicht nicht von der Seite seines Herrn, obwohl ihm dessen Wahn durchaus bewusst ist. Er erduldet das Gelächter der Leute, erträgt Verletzungen, Hunger und Kälte, doch er kann Don Quijote nicht allein lassen – zu groß ist seine Sorge, dass dem verwirrten, älteren Mann etwas zustoßen könnte. Natürlich ist ein nicht unerheblicher Anteil seiner Motivation die Tatsache, dass Don Quijote ihm große Reichtümer und sogar eine eigene Insel versprochen hat, doch muss Sancho zunehmend vermuten, dass diese Versprechungen ebenso unrealistisch sind wie die Drachen und Riesen, gegen die Don Quijote kämpft.

Im zweiten Teil der Erzählung erhält Sancho jedoch unerwartet tatsächlich eine Insel, auf der er die Rolle des Stadthalters einnimmt. Sancho weiß aber nicht, dass seine neue Rolle bloß der Belustigung eines Herzogs dient, der ihm die Verwaltung eines kleinen Städtchens überantwortet hat, um ihn auf unterhaltsame Weise scheitern zu sehen. Den Einwohnern des kleinen Städtchens wird vom Herzog, ihrem eigentlichen Herrn, aufgetragen, mit Sancho Scherze zu treiben und mit kniffligen Probleme vor ihn zu treten.

Doch bald schon stellt sich heraus, dass Sancho in vielen Angelegenheiten sehr weise Urteile fällt. Obwohl er Macht besitzt, nützt er diese nicht aus und lässt seinen aggressiven Komplex ruhen. Bei den Einwohnern wird er so immer beliebter. Wie gelingt das Sancho, der zwar über viel Bauernschläue verfügt, aber sonst über keinerlei Bildung oder Erfahrung? Die Antwort ist einfach: Sancho will diese Insel nicht regieren, um aus seiner Herrschaft Macht und Reichtum zu ziehen. Vielmehr sieht er seine Rolle als Dienst an der Gemeinschaft und ist stets darauf bedacht, ein versöhnliches Urteil zu sprechen. Er regiert nicht durch seinen Bauch, sondern durch sein Herz. Ihm geht es um das Wahre und Gute. Er stellt sich in den Dienst einer Sache, übersteigt dadurch seine eigenen Befindlichkeiten und schafft es, kluge und gerechte Entscheidungen zu fällen.

Das Beispiel des Sancho Panza zeigt uns, wie wir uns aus der beständigen Konfliktbereitschaft lösen können: Indem wir Streit nicht mehr als einen Kampf betrachten, durch den wir unser eigenes Weltbild gegenüber dem anderer Menschen durchsetzen müssen und uns somit beweisen, »richtig zu liegen«. Sondern indem wir nie vergessen, worum es bei einem Konflikt wirklich geht: darum, eine Lösung zu finden. Dafür müssen wir das Gegenüber als gleichwertig wahrnehmen, seine Position ernst nehmen und ehrlich versuchen, die Gründe für seine Haltung nachzuvollziehen.

Wie geht nun die Geschichte des Don Quijote aus? Am Ende kehrt der Ritter von der traurigen Gestalt müde und erschöpft nach Hause zurück. Die Strapazen seines wilden Lebens haben ihn ausgezehrt. Damit sind nicht nur die körperlichen Anstrengungen gemeint, sondern auch die seelischen, die es mit sich bringt, so vehement eine Illusion aufrechtzuerhalten. Bald schon muss Don Quijote die meiste Zeit im Bett verbringen.

Die Nichte, die er zurückließ, als er zu seinen Abenteuern aufbrach, wacht an seiner Seite, genau wie Sancho. In diesem existenziellen Moment findet Don Quijote wieder zu seinem Glauben. Diese hervorragende Form der Selbsttranszendenz hilft ihm, sich von jenen rechthaberischen Vorstellungen zu lösen, mit denen er sich aus seinem Leben als kleiner Landadeliger befreit hat und die seinen Vertrauten stets große Sorgen bereitet haben. Er erkennt sein Fehlverhalten und bittet seine Nichte und auch Sancho um Verzeihung für sein egoistisches Verhalten. Stark! Damit löst er sich von seinem Narzissmus. In Frieden mit sich selbst stirbt eine der berühmtesten Romanfiguren aller Zeiten nicht als Don Quijote, sondern als der unbedeutende und unbekannte Alonso Quijano. Es benötigte eine existenzielle Krise, um Quijano von seiner egoistischen Selbstverwirklichung des Bauches zu befreien und hin zur Selbstverwirklichung des Herzens zu führen. Denn im Grunde ist Don Quijotes ursprüngliches Verhalten nichts anderes: eine ebenso konsequente wie rücksichtslose Selbstverwirklichung.

Doch es gibt eine Alternative zur Selbstverwirklichung des Bauches, zur Verlockung des Weges mit dem geringsten Widerstand. Diese Alternative half auch Alonso Quijano dabei, zu sich selbst zu finden: Es ist die Entscheidung zur Selbsttranszendenz, also die Selbstverwirklichung des Herzens.

VOM BAUCH ZUM HERZ

Kapitel Fünf: Selbsttranszendenz

Das Wahre, Gute und Schöne werden in der klassischen Philosophie die Transzendentalien genannt. Erst in der Suche nach ihnen kann der Mensch über den engen Horizont seiner ichbezogenen Ängste, Sehnsüchte und Begierden hinaussteigen. Weder in den affirmativen noch in den aversiven Bauchgefühlen liegt per se ein tieferer Sinn. Unser Wesen ist nicht im Bauch tief unten vergraben – sondern im Herzen. Und der Weg vom Bauch zum Herzen ist lang, doch jede Mühe wert.

Das Versprechen des Sisyphus

Das Ziel jeder guten Therapie ist das Ziel eines guten Lebens: die persönliche Freiheit. Freiheit ist ein viel strapaziertes Wort. Für manche ist Freiheit an Geld gebunden, für andere an Promiskuität, wieder andere fühlen sich nur frei, solange sie keinerlei Verpflichtungen eingehen. Doch solche Vorstellungen von Freiheit sind Chimären, ähnlich der Spiegelung eines Berges im stillen Wasser eines Sees. Es mag schön aussehen, doch tauchen wir darin ein, gehen wir unter.

In der klassischen Philosophie unterscheidet man die Wahlfreiheit – ungehindert dies oder jenes tun zu können, egal ob gut oder böse – von der äußeren Handlungsfreiheit und vor allem von der inneren, ontologischen Freiheit. Diese innere Freiheit besteht darin, hier und jetzt das wahre Gute verwirklichen zu können, ohne daran gehindert zu werden durch den Irrtum (also die falschen Werte) oder das Laster (also die destruktiven Bauchgefühle).

Freiheit bedeutet eben nicht, wie die 68er in die Untiefen der Begierden und Wünsche hinabzusteigen und verlorenzugehen in den Versprechungen von Gier, Lust und Verantwortungslosigkeit, in den unzähligen Wirrungen des Bauches. Die innere Freiheit ist vielmehr die Freiheit von beengenden Lastern durch das Übersteigen des eigenen, begrenzten Selbst. Es ist eine Umkehrung von Albert Camus' *Mythos des Sisyphus*. Für Camus liegt unsere Freiheit in der ursprünglichen Sinnlosigkeit der Welt – wir sind frei, ihr einen selbstgewählten Sinn zu verleihen.

Bei Aristoteles hingegen hängt die Freiheit eng mit dem guten, geglückten, gelungenen Leben zusammen, mit der *»Eudaimonie«*. Für Aristoteles bezeichnet dieser Begriff ein Leben unter Beachtung der Tugenden, da diese wahrhaft frei machen, ein Leben, bei dem ein gut orientiertes Herz den Bauch prägt. Tugend ist nichts anderes als ein zum Guten geprägter Bauch. Tugend ist also die Langzeitfolge einer oft bekräftigten freien – und guten – Entscheidung. Sie bringt den Menschen jener Freiheit näher, die er sucht, indem sie seinen Leidenschaften eine gute, gewollte Richtung gibt.

Ein Mensch, der auf solche Art lebt, wird sich frei fühlen und es auch sein, gerade weil er seine Pflichten anerkannt und akzeptiert hat, eben weil er gelernt hat, nicht nur für sich selbst, sondern auch für andere Menschen da zu sein. Er ist idealerweise frei von eigennützigen Motiven. Ein weiterer französischer Existenzialist, Jean-Paul Sartre, wusste schon, dass frei zu sein etwas völlig anderes ist, als sich frei zu *fühlen*. Was das Drei-Instanzen-Modell Kopf-Herz-Bauch mit den französischen Existenzialisten gemein hat, ist die Prämisse, dass der Mensch über seine bewussten Handlungen seinen Charakter definiert und prägt.

Der Weg zu den *Transzendentalien* führt über die Wahl der richtigen Werte hin zur Einübung der Tugenden, der damit verbundenen Prägung des Bauches und der Erhebung des Herzens. Sowohl affirmative als auch aversive Bauchgefühle werden von den Herzenshandlungen befördert oder gebremst, je nachdem, ob sie auf das letzte Ziel hin ausgerichtet sind oder eben nicht.

Der Idealzustand ist nicht das Absterben oder die Abtötung des Bauches, sondern eine vollständige Harmonie zwischen Kopf, Herz und Bauch, bei der jede Instanz ihre ureigene Aufgabe übernimmt, aber auch ihre Grenzen kennt. Frei ist, wer auf das Gute, Wahre und Schöne bezogen lebt. In der Psychologie nennt man die Ausrichtung auf diese drei Transzendentalien die *Selbsttranszendenz*.

Der Begriff stammt von Viktor Frankl und beschreibt den Menschen, der sich selbst übersteigt, indem er seine niederen, egozentrischen Bedürfnisse hinter sich lässt und selbstvergessen und in innerer Harmonie auf das Wahre, Gute und Schöne blickt und dem sein Leben unterordnet.

Die Psychologie benötigte einige Jahrzehnte, ehe sie ein solches Ziel als erreichbar anerkannte. Sigmund Freud, dem dieses Buch und das Kopf-Herz-Bauch-Modell viel verdankt, lehnte die Idee der individuellen Freiheit ab. In seinem materialistischen Menschenbild werden wir beständig hin- und hergeworfen von der rauen See des Unbewussten und bleiben unseren Trieben und Begierden hilflos ausgeliefert.

Der Mensch ist bei Freud im Bauch gefangen, richtungslos, und kann sich aus den Wirrnissen von *Unlustvermeidung* und *Lustmaximierung* niemals lösen.

Für Freud ist das Es die Instanz, die unser Leben prägt. Sein Therapieansatz bestand darin, Probleme aufzulösen, die durch einen Konflikt zwischen Es, Ich und Über-Ich entstehen. Um die Entwicklung der persönlichen Freiheit ging es ihm dabei nicht.

Überhaupt war für Freud der Schaden meist bereits angerichtet, denn die bestimmende Phase des Menschen war für ihn die Kindheit. In ihr ereignen sich alle bedeutenden Konflikte, alle Traumata werden in ihr geboren. Und da Menschen – wenn überhaupt – meist erst als Erwachsene zum Psychiater gehen, können sie nach Freud bestenfalls darauf hoffen, die erlittenen Traumata irgendwie geradezubiegen. Anstatt zukunftsgerichtet zu denken – wohin können wir uns entwickeln, was können wir an uns verändern? – war Freuds Ansatz retrospektiv. Es ging um Schadensbegrenzung und rudimentäre Reparaturmaßnahmen.

Fall 16: Ein glückliches Leben? – Teil 1

Lara K. ist Mitte vierzig, intelligent, gebildet, attraktiv und arbeitet als angesehene Ärztin in einem bekannten Krankenhaus. Doch so geordnet und perfekt ihr Leben von außen aussehen mag, so verworren und undurchsichtig ist es für Frau K.

»Die meisten Nächte verbringe ich im Drogenrausch«, erzählt Frau K. dem Psychiater bei ihrer ersten Sitzung. »Zudem hatte ich noch nie eine glückliche Beziehung. Immer wieder gerate ich an narzisstische Männer, und obwohl ich weiß, dass es nicht gut ausgehen wird, wiederhole ich die gleichen Fehler, und es endet stets in einem Drama. Ich weiß nicht, ob ich schon jemals sexuelle Lust empfunden habe. Das Verhältnis zu meiner Mutter ist gestört. Meine ganze Kindheit und Jugend hindurch bekam ich von ihr zu hören, ich sei zu fett, zu dumm, zu faul. Egal, was ich erreicht habe, nichts war ihr genug. Heute spreche ich kaum noch mit ihr.«

Frau K. macht eine kurze Pause. Der Psychiater sagt erst einmal nichts und lässt sie weitersprechen.

»Freunde habe ich keine. Entweder ich liebe Menschen bis zur Selbstaufgabe oder verachte sie, weil ich sie für dumm und faul halte. Im Beruf bin ich erfolgreich, doch fühle ich mich wie eine Maschine, die, ohne nachzudenken, ihren Job erledigt. Spaß macht er mir nicht, und jeden Tag fürchte ich mich vor der Kündigung. Manchmal ist die Angst so stark, dass ich nicht schlafen oder essen kann. Fast jeden Morgen warte ich nur darauf, dass ich ins Büro des Chefarztes bestellt werde, wo er mir alle meine Verfehlungen aufzählen wird. Mein Leben fühlt sich an wie ein einziger langer Albtraum, den ich abends mit Marihuana und Alkohol zu verdrängen versuche. Doch das gelingt immer schlechter.«

Noch immer sagt der Psychiater nichts. »Herr Doktor«, fährt Frau K. verzweifelt fort, »ich will nicht mehr und ich kann nicht mehr. Ich möchte normal fühlen, normal denken, ein glückliches Leben führen. Aber ich weiß nicht, was ich dafür tun soll.«

Der Psychiater versichert Frau K., dass sie nicht zu verzweifeln braucht. Mit Geduld und dem Willen zur Veränderung könne sie dieses »glückliches Leben« erreichen. Der Psychiater schließt die Stunde mit einer Aufgabe: Frau K. soll eine Liste mit all den Dingen anfertigen, die sie tut, obwohl sie Schuldgefühle in ihr auslösen.

Das Leben von Frau K. ist nicht frei und selbstbestimmt. Vielmehr ist sie gefangen in Ängsten, Erwartungen und destruktiven Mustern.

Doch warten wir ab, ob sie das am Ende des Buches immer noch ist.

So wichtig Freud und seine Verdienste für die Psychologie sind, so wenig lassen sich aus heutiger Sicht seine Ansichten über die persönliche Freiheit vertreten. Die moderne Psychologie erkennt den Menschen als frei und selbstbestimmt an, als ein Wesen, das sich ständig wandeln, verändern und sich bewusst durch Wahl seiner Werte neu ausrichten kann. Doch bis dahin war es, wie gesagt, ein langer Weg. Acht Denker können einen Weg vom Bauch zum Herzen aufzeigen, von der Fremd- zur Selbstbestimmung, von der egoistischen Selbstverwirklichung des Bauches zur selbstlosen Selbstverwirklichung des Herzens. Der Fall von Frau K. wird uns dabei begleiten.

Vom Ich zum Du

Es gibt einen Witz unter Psychiatern, und der geht so: Ein junger Student kommt nach einer Vorlesung mit einem alten, an der Universität bekannten Professor ins Gespräch. Der Professor ist berühmt für seine Studien zu Freud. Der Student fragt ihn also, ob er die Psychotherapie in einem Satz erklären kann. Der ältere Professor überlegt keine Sekunde, ehe er antwortet: »Nach einer Psychotherapie machen die Leute das Gleiche wie vorher, nur ohne schlechtes Gewissen.«

Tatsächlich wurde Freuds Ansatz vor allem in den 60er- und 70er-Jahren pervertiert, sodass es zu dieser Zeit nicht mehr darum ging, seine Bauchgefühle zu kultivieren, sondern sie gewissenlos auszuüben. Schuldgefühle wurden ausradiert, statt nach persönlicher Schuld zu suchen. Wollte der Ehemann mit einer anderen Frau schlafen und fühlte sich deswegen schlecht, so versuchten viele Psychiater, nicht den Wunsch des Mannes nach einer Affäre zu hinterfragen, sondern sein schlechtes Gewissen zu beseitigen. »Das liegt eben in seiner Natur«, hieß es oft. »Diese Bedürfnisse muss man ausleben können.« Am Ende war die irrige Botschaft: Du bist dein Bauch.

Letztlich hat dieser Ansatz viele Menschen bloß noch tiefer in das eigene Gefühlschaos gestürzt, und in die Scheidung getrieben. Diese Sichtweise kommt daher, dass Freud das Es für unveränderbar hielt und den Menschen für im Grunde unfrei und von der Gesellschaft über die Instanz des Über-Ich bestimmt. Wenn man die Bauchgefühle nicht ändern kann, dann muss man sie eben akzeptieren – und ausleben. Wir wissen heute, dass das falsch ist.

Obwohl Freuds Ansatz im Grunde deterministisch war, schreibt er in einer seiner späteren Arbeiten: *»Wo Es war, soll Ich werden.«* Durch *»Kulturarbeit«* sollen wir Elemente unserer Persönlichkeit aus dem Es ins kontrollierte Ich bringen. Man könnte auch sagen: Wo der Bauch regierte, soll stattdessen das Herz durch den Kopf regieren.

Bereits zu Freuds Zeiten gab es namhafte Psychiater, die genau das erreichen wollten. Einer davon war der österreichische Arzt Alfred Adler, der Entwickler der Individualpsychologie, von dem bereits die Rede war. Die Individualpsychologie sieht den Menschen als ein soziales Wesen an, das beständig mit seiner Umwelt im Austausch steht.

Während der Mensch für Freud zwischen Ich, Über-Ich und Es gefangen ist, findet für Adler der große Konflikt des Menschen zwischen *»Geltungsstreben«* und *»Gemeinschaftsgefühl«* statt. Aber er ist bei Adler frei, sich für das Gute zu entscheiden. Wie bereits an anderer Stelle erwähnt, ist das Geltungsstreben eine egoistische Ichbezogenheit, wobei die eigenen Bedürfnisse, Wünsche und Ziele an erster Stelle stehen und ihnen alles untergeordnet wird. Der ichbezogene Mensch will gesehen und wertgeschätzt werden. Lernt der Mensch nicht, mit seinen eigenen Schwächen umzugehen, kippt er ins *»Minderwertigkeitsgefühl«* und kann so dem Geltungsstreben verfallen. Dadurch wird den Bauchgefühlen Tür und Tor geöffnet: Sucht nach Anerkennung, Liebe und Erfolg sind die Folgen.

Adler selbst war politisch und sozial engagiert. Das findet sich auch in seiner Psychologie. Er vertritt kein kausal-deterministisches Modell wie Freud, bei dem übergeordnete Instanzen den Menschen leiten und jedes Gefühl nur in Rückgriff auf diese Instanzen erklärt werden kann. Vielmehr sind die Handlungen des Menschen für Adler final, das heißt auf eine Zukunft ausgerichtet, die der Mensch selbst entwirft. Die Zukunft ist es, die den Menschen bestimmen sollte, nicht die Vergangenheit.

Es gilt also, sich weg vom Geltungsstreben und hin zum Gemeinschaftsgefühl zu bewegen. Im Gemeinschaftsgefühl lernen wir andere Menschen wertschätzen und akzeptieren, dass wir keine auserwählten Wesen sind, sondern zu einer Gruppe gehören. Unüberhörbar tönt hier bereits das Gute durch. In dieser menschlichen Gemeinschaft können wir Aufgaben und Pflichten übernehmen, wir können sinnvolle Arbeit und somit einen Beitrag zum Ganzen leisten, gute Taten also, durch das Herz inspiriert.

Diese Handlungen verleihen uns letztlich Bedeutung. Die Erkenntnis, dass nicht wir selbst es sind, die unserem Leben Sinn verleihen, sondern die Menschen um uns herum, ist ganz zentral für das Adlersche Gemeinschaftsgefühl. Von unserem eigenen Geltungsbedürfnis müssen wir uns lösen.

In die gleiche Richtung zielt auch ein Schüler von Alfred Adler, der deutsche Psychiater Fritz Künkel. Künkel bezeichnet die beiden Pole, zwischen denen der Mensch hin- und hergerissen wird, als *»Ichhaftigkeit«* oder *»Sachlichkeit«*. Bleiben wir in der Ichhaftigkeit stecken, können wir niemals über unsere Wünsche, Ängste und Sehnsüchte hinauswachsen, weil wir ständig ängstlich um uns kreisen. Der Weg heraus gelingt uns erst in der Sachlichkeit. Wenn wir also die Welt nicht mehr von uns aus denken, sondern in Hinblick auf eine Sache oder Aufgabe. Diese Sache kann ein anderer Mensch sein oder auch eine Handlung. Was Künkel meint, lässt sich gut mit folgender Redewendung fassen: Ich gehe völlig darin auf. Wer in etwas oder jemand anderem aufgeht, der macht den ersten Schritt weg von der Immanenz, also dem Verhaftetsein im eigenen Selbst, hin zur Transzendenz.

Fall 16: Ein glückliches Leben? – Teil 2

In ihren nächsten Sitzungen bittet der Psychiater Frau K., die Liste mit den Handlungen vorzulesen, die bei ihr Schuldgefühle auslösen. Welche Dinge tut sie, obwohl sie weiß, dass sie nicht richtig sind?

Auf Platz eins stehen narzisstische Männer, die Frau K. zwar nach eigener Aussage hasst, denen sie aber in schwachen Momenten nicht widerstehen kann. Dann folgen Drogen und die Beziehung zu ihrer Mutter.

Wie passt die Mutter hier ins Bild, will der Psychiater wissen.

»Meine Kindheit war furchtbar«, beginnt Frau K. »Meine Mutter war für mich allmächtig und allwissend, und immer habe ich ihren erhobenen Zeigefinger drohend in meinem Rücken gespürt.

Egal, wie sehr ich mich anstrengte, nichts war gut genug. Für sie war ich immer zu dumm, zu faul, zu hässlich. Ich habe das so oft zu hören bekommen, dass es sich irgendwann festgesetzt hat. Daher war es egal, wie viele Komplimente mir andere Menschen gemacht haben, so recht konnte ich es ihnen nie glauben. Gleichzeitig habe ich mich nach Bestätigung gesehnt. Ich war Männern, die das ausnutzen konnten, hilflos ausgeliefert. Daran ist meine Mutter schuld!«

Frau K. wird sichtlich wütend, wenn sie von ihrer Mutter erzählt. Sie braucht ein wenig, um sich zu beruhigen, ehe sie fortfährt: »Seit Jahren versuche ich meiner Mutter so gut wie möglich aus dem Weg zu gehen. Ich kann sie nicht leiden, wegen all der Dinge, die sie mir angetan hat und die noch immer in mir nachwirken. Doch diese Gefühle ihr gegenüber lösen Schuldgefühle in mir aus, denn immerhin ist sie meine Mutter.«

Frau K. tut immer wieder Dinge, für die sie sich nachher schämt oder schuldig fühlt. Einen wichtigen Anteil daran hat ihre Beziehung zu ihrer Mutter: Frau K. ist überzeugt davon, dass diese der Grund ist, warum sie heute kein glückliches Leben führen kann. Freudianisch macht sie die Mutter für ihre heutigen Probleme verantwortlich. Sie mag damit zum Teil recht haben, doch was bringt es ihr, die Schuld bei ihrer Mutter zu suchen? Andere Menschen können wir nicht ändern und genauso wenig können wir Vergangenes ungeschehen machen. Ein weiterer Denker kann helfen, von diesem Missverhältnis loszukommen: der Philosoph Martin Buber. Buber war kein Psychiater, sondern jüdischer Theologe und Moralphilosoph. Er musste vor den Nazis nach Israel fliehen, wo er sich bis ins hohe Alter mit Fragen der Religion und Ethik auseinandersetzte.

Für Buber ist das Leben des Menschen ein fortwährender Dialog mit seiner Umwelt. Daher trägt sein 1923 erschienenes Hauptwerk den Namen *»Ich und Du«*. Darin beschreibt Buber, dass der Mensch ein relationales Wesen ist, also immer in Beziehung zu anderen Menschen steht. Nun liegt es an uns, ob diese Beziehung die eines Ich-Du oder eines Ich-Es sein soll. Buber nennt diese beiden Beziehungen *»Grundworte«*. Das Ich-Es degradiert das Gegenüber zu einem Mittel, das wir aus egoistischen Gründen gebrauchen, sei es, um uns Lust zu verschaffen, um beruflich aufzusteigen oder auch sich einer Verantwortung zu entziehen oder einen Schuldigen für Probleme zu finden. Frau K. war in einer solchen Ich-Es-Beziehung gefangen, denn sie betrachtete ihre Mutter nicht als Menschen, sondern als eine übermächtige Figur, die ihr Leben seit der Kindheit bestimmt und sie in ihre heutigen Probleme getrieben hat. Da sie ihre Mutter zu einer übermächtigen Gestalt erhöht hat, übt diese ihre Macht über Frau K. bis heute aus.

Um sich davon zu lösen, muss Frau K. zu einer Ich-Du-Beziehung finden. Sie muss lernen, ihre Mutter als einen fehlerhaften Menschen zu begreifen. Sie muss die Überforderung ihrer Mutter verstehen, ihre Ängste und Sorgen, vor allem auch ihre Schwächen, die zu der Erziehung geführt haben, unter der sie als Kind gelitten hat. Erst wenn Frau K. das gelingt, kann sie ihrer Mutter vergeben und, noch wichtiger, erkennen, dass nicht ihre Mutter oder ihre Beziehung zu ihr darüber bestimmt, wer sie selbst heute ist und wer sie morgen sein kann. Weder Eltern noch irgendjemand anderer hat die Macht, unserem Leben einen unveränderlichen Kurs vorzugeben.

Mithilfe der Methode des Perspektivenwechsels versuchte Frau K., ihre Kindheit aus Sicht ihrer Mutter zu betrachten. Nach mehreren Sitzungen sah sie so allmählich ein, mit wie vielen Problemen ihre Mutter zu kämpfen hatte. Das entschuldigt und rechtfertigt nicht ihr Verhalten, aber hilft dabei, eine Erklärung zu finden und erleichtert es Frau K., das Geschehene zu akzeptieren und als etwas einzuordnen, das vergangen ist und hinter ihr liegt.

Schlussendlich gelingt es Frau K., ihre Opferrolle zu verlassen und langsam wieder Kontakt mit ihrer Mutter zu knüpfen. Sie lernt über den Weg der Empathie und des Perspektivenwechsels, ihr zu verzeihen, womit ihre Therapie jedoch noch nicht zu Ende ist. Vielmehr hat sie gerade erst begonnen.

Von der Immanenz zur Transzendenz

Die Vergangenheit zu bewältigen und zu lernen, sie richtig einzuordnen, ist ein wichtiger Schritt in der Therapie. Doch selbst gestalten können wir nur unsere Zukunft. Wie kann man lernen, positiv in die Zukunft zu blicken? Wie können wir vermeiden, von alten Problemen wieder eingeholt zu werden? Wie können wir aus gewohnten Mustern ausbrechen und uns tatsächlich ändern?

Der bereits mehrfach erwähnte Wiener Psychiater Viktor Frankl hat sich ganz ähnlichen Fragen gewidmet. Er ist der fünfte Denker, den wir auf dem Weg vom Bauch zum Herz konsultieren. Frankl war nicht bloß ein Genie auf seinem Gebiet, er war auch ein menschliches Vorbild. Als Zeitgenosse Sigmund Freuds und Alfred Adlers begründete er, was von vielen Fachleuten als dritte Wiener Schule der Psychotherapie angesehen wird – nach

Freuds Psychoanalyse und Adlers Individualpsychologie – die Logotherapie.

Frankl beschäftigte sich zeitlebens mit der Frage nach dem Sinn. Als Arzt betreute er einige Jahre den sogenannten »Selbstmörderpavillon« im Psychiatrischen Krankenhaus Wien, wo er über dreitausend suizidgefährdete Patientinnen und Patienten therapierte. Als die Nationalsozialisten die Macht übernahmen, entschloss sich Frankl, in Wien zu bleiben und sich um seine Eltern zu kümmern, obwohl er als Jude höchst gefährdet war. 1942 wurden er und seine Familie deportiert. Als Einziger überlebte er die Schrecken der Konzentrationslager – seine Eltern, sein Bruder und seine Frau wurden von den Nationalsozialisten ermordet.

1945 wurde Frankl von der US-Armee aus dem KZ Türkheim befreit. Nach den unvorstellbaren Gräueltaten der Nationalsozialisten stellten sich viele Menschen die Frage nach dem Sinn des Lebens. Welchen Sinn gab es in einer Welt, die solche Monstrositäten hervorbringen konnte?

Frankl gab seine Antwort in dem autobiographischen Buch *... trotzdem Ja zum Leben sagen* (1946), in dem er sich mit seiner Zeit in den Konzentrationslagern auseinandersetzt. Der Titel des Buches selbst hat eine doppelte Bedeutung. Er ist dem »Buchenwaldlied« entnommen, einem Lied, dass die Häftlinge des KZ Buchenwald komponieren und beim Appell singen mussten. In verschiedenen Konzentrationslagern zwangen die SS-Offiziere die Häftlinge, beim Appell oder beim Marsch zur Zwangsarbeit volkstümliche Lieder zu singen. Für die Nazis war das ein grausamer Spaß, der die Häftlinge nur noch mehr demütigen sollte: Während diese qualvolle Arbeit verrichteten, mussten sie dazu auch noch singen.

Fritz Löhner-Beda, der zuvor als Librettist unter anderem für Franz Lehár gearbeitet hatte, und der Sänger Hermann Leopoldi schrieben das »Buchenwaldlied«, das die SS-Offiziere die Gefangenen stundenlang einüben ließen, während sie in der winterlichen Dunkelheit und Kälte standen. Eine Zeile dieses Lieds geht so:

»O Buchenwald, wir jammern nicht und klagen,
und was auch unser Schicksal sei,
wir wollen trotzdem ja zum Leben sagen,
denn einmal kommt der Tag: dann sind wir frei!«

Es mag für manchen seltsam scheinen, dass die Nazis ein Lied mit einem Text freigaben, der der Hoffnung auf Freiheit und ein Leben nach dem Konzentrationslager Ausdruck verlieh. Doch die SS-Offiziere fanden Vergnügen darin, die Häftlinge ein Lied singen zu lassen, das für sie nur eine grausame Ironie besaß: Denn die Nazis waren sicher, dass keiner der Häftlinge den Tag seiner Freiheit je erleben würde.

Für die Häftlinge selbst bekam das Lied jedoch bald eine wichtige Bedeutung. Sie fanden Mut und Kraft in den Zeilen, die von der Freiheit sprachen. Sie hatten ein Lied, das ihnen von den SS-Offizieren aufgezwungen worden war, übernommen und zu ihrem eigenen gemacht. Sie hatten seine Bedeutung von einem zynischen Marschlied in eine hoffnungsvolle Botschaft umgewandelt. Sie hatten sich nicht mit dem Sinn abgefunden, den die Nazis dem Lied geben wollten, sondern hatten ihm ihren eigenen Sinn verliehen und mit diesem Akt der Sinnstiftung ein kleines Stück Freiheit zurückgewonnen. Es ist passend, dass Frankls Biografie auf Englisch den Titel *»Man's Searching for Mea-*

ning« trägt, also übersetzt: *Die Suche des Menschen nach Sinn.* Frankl beschreibt, dass jene Häftlinge höhere Überlebenschancen hatten, die sich eine Zukunft nach dem Konzentrationslager vorstellen konnten, auf die etwa eine Familie wartete. Frankl selbst stellte sich vor, wie er eines Tages Vorlesungen über die Auswirkungen des Lagers auf die Psyche des Menschen halten würde. Diese Träume von der Zukunft gaben seinem Leben Sinn und ließen ihn nicht verzweifeln.

Hoffentlich haben wir die Schrecken der Konzentrationslager für immer hinter uns gelassen. Doch die Frage nach dem Sinn bleibt auch unserer modernen Gesellschaft nicht erspart. Viele Menschen verzweifeln, weil sie nicht wissen, warum und wofür sie eigentlich da sind. Sie erfahren Ängste und Rückschläge, können ihnen jedoch keinen Sinn abgewinnen. Ein Sportler kann Schmerzen ertragen, wenn er weiß, dass sie ihn langfristig stärker und besser machen und seinem Ziel näherbringen, einen Wettkampf zu gewinnen. Doch vielen Menschen fehlt so ein Ziel, oder sie haben ein falsches Ziel gewählt.

Fall 16: Ein glückliches Leben? – Teil 3

Nachdem sich die Therapie von Frau K. in den ersten Einheiten um ihre Vergangenheit gedreht hat, möchte der Psychiater heute über ihre Gegenwart sprechen.

»Meine Gegenwart ist ein Trümmerhaufen« sagt Frau K. »Jede Beziehung, die ich habe, ist zum Scheitern verurteilt. Ich gerate immer wieder an narzisstische Männer, die mich ausnützen und von denen ich mich nur unter großer Anstrengung trennen kann. Danach bin ich wochenlang depressiv.

Dabei wünsche ich mir eine schöne Beziehung, in der ich geliebt werde.«

Womit Frau K. die meiste Zeit verbringe, möchte der Psychiater wissen.

»Mit meiner Arbeit«, sagt sie. »Ich arbeite mich zu Tode, aber ich weiß nicht, wofür. Jeden Tag rechne ich mit meiner Entlassung. Wenn mein Chef irgendwann rausfindet, dass ich Drogen nehme, dann war es das. Manchmal, wenn ich eine harte Nacht hatte, komme ich verkatert ins Spital und muss mich fürchterlich anstrengen, damit niemand etwas merkt. Den ganzen Tag ist mir übel und am liebsten würde ich mich einfach hinlegen, aber ich weiß natürlich, dass ich das nicht kann. Dann glaube ich, jeder sieht mir meine Probleme an. Wenn der Chefarzt mit mir sprechen will, bekomme ich eine Panikattacke, weil ich denke: Das war es jetzt. Wie soll ich dann jemals wieder einen Job finden?«

Ob außer für Beziehungen und Beruf sonst noch für etwas Zeit bleibe, fragt der Psychiater.

»Kaum«, sagt Frau K. »Ich halte es in meinem Alltag nicht mehr aus, also suche ich nach Fluchtmöglichkeiten. Ich feiere viel, rauche und trinke. Aber das sind nur kurze Momente und meistens geht es mir danach bloß noch schlechter.«

Warum sie den Beruf gewählt hat, in dem sie heute arbeitet, hakt der Psychiater nach.

Frau K. zuckt mit den Schultern. »Ich weiß es gar nicht mehr«, gibt sie zu. »Aber ich behalte ihn wegen des Geldes. Ich könnte mir meinen Lebensstil sonst nicht leisten.«

Frau K. sieht keinen Sinn in dem, was sie tut. Wir müssen uns hier wieder an die extrinsische (äußere) und intrinsische (innere) Motivation erinnern. Jeder Wunsch von K. ist extrinsisch motiviert. Eine Beziehung möchte sie, weil sie sich selbst nicht liebt und die Bestätigung von außen braucht. Das führt dazu, dass sie von Männern ausgenutzt wird, die das erkennen.

Ihren Beruf als Arzt übt sie wegen des Geldes aus, nicht, weil es ihr ein inneres Bedürfnis ist.

Ihr gelingt es nicht, von ihren eigenen Ängsten und Problemen abzusehen, sich zu distanzieren, weil es nichts gibt, in dem sie »aufgehen« könnte. Frau K. kennt nicht die Selbstvergessenheit eines Menschen, der hinter sein Tun zurücktritt, sondern bloß gelegentliche Selbstbetäubung. Ihr gelingt es nicht, sich selbst zu übersteigen, sich zu transzendieren und damit auch ihre Sinnkrise hinter sich zu lassen.

Selbsttranszendenz kennt nur das Herz, nicht der Bauch, der für die menschliche Immanenz steht. *Selbstimmanenz* ist in der Psychologie die Gefangenschaft in sich selbst, das ewige, unfruchtbare Gaffen in den Spiegel und das seelenlose Kreisen um die eigenen Bedürfnisse. Um diesen Kreislauf zu verlassen – meint Viktor Frankl – muss das Herz höhere Werte kennen, die uns intrinsisch motivieren können. In den nächsten Therapiestunden arbeitet Frau K. daran, Werte zu finden, die für sie wichtig sind.

Sie erkennt, dass sie unabhängig und selbstständig sein möchte und will daher versuchen, sich nicht mehr kopflos in die nächstbeste Beziehung zu stürzen. Zudem gibt sie ihrem Beruf einen neuen Sinn: Sie stellt fest, dass es nicht bloß Geld ist, woraus sie Motivation für ihre Arbeit zieht. Tatsächlich ist sie auch stolz darauf, gut in ihrem Beruf zu sein, pünktlich zu erscheinen und ihre Arbeit ordentlich zu erledigen. Doch dabei stand sie sich bisher selbst im Weg, denn mit ihrem derzeitigen Lebensstil wurde es immer schwieriger, ihren Arbeitsrhythmus einzuhalten. Selbstständigkeit, Unabhängigkeit, Fleiß und Pünktlichkeit – das sind für Frau K. Werte, die den Menschen definieren, der sie sein will. Es sind Werte, die ihrem Tun eine Richtung verleihen und an denen sie sich anhalten kann, auch wenn es einmal nicht so gut läuft in ihrem Leben.

Schließlich gesteht sich Frau K. ein, dass sie sich trotz vergangener Fehlschläge eine glückliche Beziehung wünscht. Sie möchte eine Familie gründen, selbst Kinder haben und aus den Fehlern ihrer Mutter lernen. Doch sie erkennt auch, dass dieses Ziel ein längerfristiges ist, auf das hinzuarbeiten sich lohnt. Erst wenn sie ihr Leben in den Griff bekommen hat, kann sie darüber nachdenken. Schritt für Schritt schafft sie sich so einen Sinn im Leben, der sie intrinsisch motiviert und ihre Ängste verdrängt.

Viktor Frankl schreibt: Selbsttranszendenz ist *»der grundlegende anthropologische Tatbestand, dass Menschsein immer über sich selbst hinaus auf etwas verweist, das nicht wieder es selbst ist – auf etwas oder auf jemanden; auf einen Sinn.«*

Frau K. verweist nun über sich selbst hinaus auf Werte, die ihr wichtig sind, mit denen sie sich identifiziert und denen sie gerecht werden möchte. Natürlich ist ihr Potpourri an persönlichen Werten noch ausbaufähig, wie bei jedem Menschen. Aber der Anfang ist gemacht: Sie hat den Weg begonnen, hin zum Wahren, Schönen und Guten. Gleichzeitig will sie darauf hinarbeiten, für jemanden da zu sein – für einen Partner, später auch für ein Kind. Damit beginnt eine gesunde Selbstverwirklichung, wie Frankl schreibt: *»In dem Maß, in dem der Mensch solcherart sich selbst transzendiert, verwirklicht er auch sich selbst.«*

Es geht nicht um eine Selbstverwirklichung des Bauches, die bloß auf Lustbefriedigung abzielt: Sex, Drogen, Reichtum wären solche Ziele. Es ist vielmehr eine Selbstverwirklichung des tugendhaften Herzens, das die gesetzten Werte erreichen möchte.

Am Ende von Frankls Buch *... trotzdem Ja zum Leben sagen* steht ein Theaterstück, in dem die großen Philosophen Sokrates, Kant und Spinoza in das fiktive »KZ Birkenwald« kommen, um den Häftlingen zu helfen. Doch letztlich müssen sie erkennen, dass sie den eingesperrten Menschen mit all ihrer Weisheit nicht helfen können, den Sinn ihres Daseins zu finden – das können die Menschen nur selbst.

Wir können nicht darauf warten, dass uns der Sinn begegnet wie ein Spaziergänger auf dem Gehsteig, der seinen Hut lüftet und uns einen guten Tag wünscht. Wir brauchen ihn auch nicht ewig zu suchen wie einen Schatz, den irgendjemand für uns vergraben hat. Vielmehr steckt Sinn in den Werten, die wir wählen und die uns ausmachen und uns freimachen von falschen Vorstellungen, die der Bauch oder der Kopf uns einflüstern können.

Dann können wir erreichen, was Viktor Frankl so beschreibt: *»Ganz er selbst wird der Mensch da, wo der Mensch sich übersieht und vergisst.«* Selbstvergessenheit – eine in der narzisstischen Gesellschaft völlig vergessene, heilsame Tugend!

Die persönliche Freiheit

Nun hat Frau K. die ersten Werte ihres Herzens neu entdeckt und sich entschlossen, ihnen endlich zu folgen. Ist damit alles gut? Ist sie damit von ihrem Unglück befreit?

So weit sind wir noch nicht, denn Erkennen ist bloß der erste Schritt. Die Freiheit, die richtigen Entscheidungen zu treffen und seinem Herzen zu folgen, muss immer wieder aufs Neue bestätigt werden. Das Gute muss eingeübt werden, indem wir gute Handlungen unzählige Male wiederholen. So machen wir das tugendhafte Leben zu unserem *»Habitus«*. Um es noch einmal zu wiederholen: Tugend ist die intuitive Neigung zum guten Handeln.

Ein Fußballspieler bewegt sich auf dem Platz völlig selbstverständlich in bestimmte Richtungen: zwischen Gegnern hindurch oder in offene Räume hinein. Das ist Produkt von unzähligen Stunden des Trainings. Er hat diese Bewegungen so sehr verinnerlicht, dass er darüber gar nicht mehr nachzudenken braucht. Sie geschehen intuitiv. Er hat diese Fähigkeiten erworben. Das Fußballspielen ist zwar keine Tugend, aber Tugend funktioniert genauso: üben, üben, üben!

Indem wir gute Handlungen setzen, die unseren Werten entsprechen, erziehen wir uns selbst zur Tugend und damit zur Freiheit. Nehmen wir zum Beispiel die Wahrhaftigkeit. So wie der Fußballer sich irgendwann auf dem Platz bewegt, ohne nachzudenken, entscheiden auch wir uns nach ausreichend vielen Wiederholungen intuitiv für die Handlungen, die unseren Werten entsprechen, wie zum Beispiel das Aussprechen der Wahrheit. Freiheit ist demnach die Fähigkeit, gegen inneren Widerstand die Wahrheit zu sagen und sich nicht von aversiven Bauchgefühlen überwältigen und korrumpieren zu lassen. Im Sinne der Unlustvermeidung führt uns der Bauch manchmal in die Versuchung, zu lügen, um unangenehmen Konsequenzen zu entgehen. Der freie Mensch, dem die Tugend zur zweiten Natur geworden ist, kann diese Versuchung leicht abschütteln und spürt sie kaum.

Der notorische Lügner hingegen wird spontan die »Notlüge« verwenden, ohne groß darüber nachzudenken.

Während der freie Mensch durch das Festhalten an den Tugenden Lust gewinnt, wirken die Bauchgefühle beim Lügner gegenteilig. Sein schwaches Herz gibt in seinen Entscheidungen den Bauchgefühlen sofort nach. Worin sich der Freie und der Lasterhafte unterscheiden, ist ähnlich dem, wodurch sich der Fußballprofi vom Kreisligakicker unterscheidet: jahrelanges, konsequentes Training. Der freie Mensch übt die Tugenden ein, bis es dem Bauch ganz natürlich vorkommt, Lust aus der Erfüllung der Tugenden zu ziehen.

Freiheit ist ein kompliziertes Konzept und wird von reduktionistischen Naturwissenschaftlern infrage gestellt. Die persönliche Freiheit wird von ihnen reduziert auf Prozesse in unseren Genen, in unserem Gehirn und in unseren Hormonen. Für Freud waren wir Produkte unseres Unbewussten, das uns über Triebe und Begierden steuert.

Ein moderner Denker des späten 20. und gegenwärtigen 21. Jahrhunderts räumt mit diesen Vorstellungen auf. Der anfangs schon kurz erwähnte Joachim Bauer ist ein deutscher Psychiater und hat sich intensiv mit der Neuropsychologie beschäftigt, der Wissenschaft von den Prozessen in unserem Gehirn. Mit der heutigen Technologie ist es uns möglich, tiefer in die Funktionsweisen des Gehirns zu blicken, als Freud es je konnte. Und was wir dort finden, zeichnet ein klares Bild.

In seinem Buch *Selbststeuerung – Die Wiederentdeckung des freien Willens* (2015) zeigt Bauer anhand neuer Ergebnisse im Bereich der Neurowissenschaft, dass das menschliche Gehirn über zwei Prinzipien verfügt: Das Erste ist ein Bottom-Up-Prinzip, in dem Reaktionen der Umwelt sofort ans Gehirn weitergegeben werden. Dies ist das Triebsystem. Wir sehen etwas und der Bauch gibt das Kommando: Das möchte ich haben!

Würde dieser Befehl ungefiltert von unserem Gehirn übernommen und in eine Handlung übersetzt werden, dann könnte man wohl tatsächlich kaum von freiem Willen sprechen. Dann würden wir bloß blind den Befehlen unseres Bauches folgen.

Doch es gibt ein zweites Prinzip, ein *Top-Down-Prinzip*, das im präfrontalen Kortex beheimatet ist. Dieses Prinzip macht es uns möglich, solche Reaktionen aufzuhalten und über sie nachzudenken, sie zu reflektieren. Stimmt das, was mir der Bauch sagt, auch mit meinen Werten überein? Dieses Prinzip ermöglicht uns, abzuwägen und einen Wert über einen Trieb zu stellen, selbst wenn das kurzfristig bedeutet, auf Lust zu verzichten, oder sogar Unlust zu erfahren. Zum Beispiel, wenn ich den Seitensprung nicht eingehe, obwohl mein Bauch Lust darauf hat, und damit meine glückliche Ehe rette. Oder, indem ich die Wahrheit sage und mich damit im Moment unbeliebt mache. Für Bauer gelingt dem Menschen durch das Top-Down-Prinzip die »Selbststeuerung« der Bauchgefühle. Passender als von der mechanischen *»Selbststeuerung«* wäre es allerdings, von der *»Selbstprägung«* zu sprechen. Der Mensch ist keine Maschine, die es zu steuern gilt, sondern frei, sich von innen heraus durch wiederholte Entscheidungen und Handlungen in einem langsamen, beständigen Prozess zu prägen und sich auf das Schöne, Wahre und Gute hin auszurichten. Da alle Menschen dieselbe Gehirnstruktur aufweisen, sind wir alle dazu in der Lage, dieses *Top-Down-Prinzip* einzusetzen. Doch offenbar fällt das manchen Menschen einfacher als anderen. Frau K. hatte große Probleme damit, aus gewohnten Mustern auszubrechen, selbst wenn sie wusste, dass diese falsch sind. Zunächst gab sie ihrer Mutter und ihrer Erziehung die Schuld. Doch die Psychologie weiß mittlerweile, dass diese Erklärung unzureichend ist.

Der bekannte und einflussreiche amerikanische Psychologe und Genetiker, Robert C. Cloninger, hat versucht, eine Antwort zu finden, wodurch sich psychische kranke von gesunden Menschen unterscheiden.

Nach zahlreichen Studien musste er erkennen, dass sich Persönlichkeitsstörungen bei Kranken und Gesunden im Temperament kaum voneinander unterscheiden lassen, außer durch Anwendung von drei Parametern, deren Gesamtheit Cloninger in Anleihe an Kant den *menschlichen Charakter* nennt.

Als Genetiker weiß Cloninger, dass wir mit bestimmten Voraussetzungen geboren werden. Er nennt diese *Temperament.* Für ihn gibt es vier Dimensionen des Temperaments: Das *Vermeidungsverhalten* reicht von ängstlich bis zu aufgeschlossen. Wir können also von Natur aus Menschen sein, die sich eher vor Problemen zurückziehen oder aktiv auf sie zugehen. Die zweite Dimension ist die *Neugierde.* Hier stellt ein Ende der Skala die Impulsivität dar, wir stürzen uns also in Unbekanntes hinein. Das andere Ende ist die Rigidität, wir verharren im bereits Bekannten. Die dritte Dimension ist die *Abhängigkeit von Anerkennung*: Vom anerkennungssüchtigen Narzissten bis zum abweisenden Soziopathen befinden sich die meisten Menschen irgendwo in der Mitte. Die vierte und letzte Dimension ist die *Ausdauer:* Sind wir ambitioniert und beharrlich oder geben wir leicht auf?

Laut Cloninger weisen alle Menschen unterschiedliche Ausprägungen der Temperamente Vermeidungsverhalten, Neugierde, Abhängigkeit von Anerkennung und Ausdauer auf. Wo genau wir auf dieser Skala landen, ist genetisch bedingt. Doch hier endet die individuelle Entwicklung nicht, vielmehr beginnt sie erst. Denn *Charakter* ist nach Cloningers Definition das, was wir aus unseren Temperamenten machen. Wenn ich von Natur aus ängstlich veranlagt bin, kann ich an diesem Charakterzug arbeiten und mutiger werden, mit der Tugend der Tapferkeit. Umgekehrt kann ich ebenso als impulsiver Mensch mein Reflexionsvermögen trainieren: Mit der Tugend des Maßes. Auf diese Weise kultivieren wir unsere Bauchgefühle.

Fall 16: Ein glückliches Leben? – Teil 4

Frau K. kommt nun regelmäßig in die Praxis und bespricht mit dem Psychiater ihre Fortschritte. Vor einigen Wochen hat der Psychiater eine Diagnose gestellt: Frau K. habe eine instabile emotionale Persönlichkeitsstörung. Endlich Klarheit zu haben, scheint sie zu erleichtern.

»Ich bin schon viel reflektierter geworden«, erzählt Frau K. »Ich weiß jetzt, wo meine Werte liegen. Und ich weiß auch, dass ich eine Persönlichkeitsstörung habe. Das macht mir meine Verhaltensweisen endlich verständlich! Ich kann erklären, warum ich so reagiere, wie ich reagiere.«

Ob sie denn ihr Verhalten nach der Diagnose verändert habe, will der Psychiater wissen.

Frau K. blickt ihn beinahe empört an. »Ich versuche es doch, Doktor«, sagt sie.

»Aber das ist nicht so einfach! Immerhin habe ich eine Persönlichkeitsstörung. Für mich ist es viel schwieriger als für andere, meine Verhaltensweisen zu ändern. Zwar kenne ich jetzt meine Werte, aber meine Psyche spielt da nicht so einfach mit!«

Frau K. ist den ersten Schritt gegangen: Sie hat sich ihre Probleme eingestanden, Hilfe gesucht, eine Diagnose erhalten.

Sie will sich dem Wahren und Guten zuwenden, hat sich frei dafür entschieden und damit die größte Hürde überwunden.

Doch nun droht sie stehenzubleiben: Die Diagnose dient ihr als Entschuldigung für ihr Verhalten. Damit nimmt sie sich selbst aus der Pflicht, an sich zu arbeiten und den nächsten Schritt zu gehen. Denn dieser ist ein schwieriger, bedeutet er doch Veränderung: In den Worten von Robert Cloninger ist dies der Weg vom Temperament zum *Charakter*.

Frau K. hat ein hohes Vermeidungslevel, sie ist sehr unwillig, sich ihren Problemen zu stellen. Sie schafft das zwar in der Therapie, aber in ihrem Leben fällt es ihr noch schwer. Gleichzeitig ist sie sehr impulsiv und stürzt sich kopflos in neue Bekanntschaften. Von der Anerkennung durch andere ist sie noch sehr abhängig und an ihrer Ausdauer muss sie ebenfalls weiterarbeiten. Sie kennt ihre Probleme und die Voraussetzungen für eine Änderung ihres Verhaltens, aber damit beginnt erst die Kultivierung der vom Herzen erkannten Werte. Dies geschieht über die Dimensionen des Charakters.

So wie es vier Dimensionen des Temperaments gibt, unterscheidet Cloninger auch drei Dimensionen des Charakters, die es uns erlauben, unser angeborenes Temperament in Charakterzüge umzuwandeln. Hierbei vereint er zahlreiche psychologische Theorien.

Die erste Dimension ist die der *Selbstkontrolle*. Etwas ähnliches finden wir bei Joachim Bauer mit seinem Top-Down-Prinzip. Der Mensch muss sich darin üben, Bauchgefühlen nicht sofort nachzugeben, sondern sie zu reflektieren und ihnen gegebenenfalls nicht nachzugehen. Er muss lernen, sich selbst zu akzeptieren und sich mit seinen Stärken und Schwächen zu begreifen, ohne sich etwas vorzumachen.

Ein Teil davon ist bei Cloninger die innere Ordnung: also die richtige Rangordnung der Werte. Frau K. muss lernen, ihre Persönlichkeitsstörung zu akzeptieren und sie nicht als Ausrede zu verwenden.

Die zweite Dimension haben wir bereits bei Adler, Künkel und Buber kennengelernt: Es ist die *Kooperationsfähigkeit*. Wir müssen lernen, das Gegenüber als eigene Persönlichkeit wahrzunehmen, nicht bloß als Projektionsfläche für unsere Wünsche und Bedürfnisse. Empathie, Hilfsbereitschaft, Mitgefühl und Gewissen müssen im Dialog mit anderen eingeübt werden. Diese Dimension spielte bei der Beziehung von Frau K. zu ihrer Mutter eine wichtige Rolle.

Die dritte und letzte Dimension übernimmt Cloninger von Viktor Frankl: die *Selbsttranszendenz*. Das triebgesteuerte und bauchgeführte Ego verschwindet hinter den selbstgesetzten Werten und geht ganz in den Handlungen auf, die uns Sinn geben und unser Leben bereichern. Der Mensch lässt sich nicht mehr nur von seinen Bedürfnissen leiten, sondern er tut etwas, weil es das Richtige ist. Frau K. hat ihre Werte bereits definiert. Nun muss sie üben, ihnen auch zu folgen und ihr Leben nach ihnen auszurichten.

Der Mensch – so Robert Cloninger – ist in Sachen des Temperamentes nicht frei, sondern genetisch determiniert. Frei ist er allerdings in Bezug auf die Prägung seines Charakters: Selbstkontrolle, Kooperationsfähigkeit und Selbsttranszendenz machen den Menschen frei und ermöglichen es ihm, sich auf das Schöne, Wahre und Gute auszurichten. *»Charakter«*, so formuliert Cloninger frei nach Immanuel Kant, *»ist, was der Mensch aus sich selber macht!«*

Vom Trieb zur Weisheit

Die klassische Psychotherapie nach Freud wird manchmal auch als *negative Psychologie* bezeichnet. Sie ist defizitorientiert: Sie sucht traumatische Erlebnisse in unserer Vergangenheit und erklärt damit retrospektiv unsere Schwächen und Probleme von heute. Sie befriedigt so unser Kausalitätsbedürfnis: Weil uns damals etwas passiert ist, sind wir heute so, wie wir sind. Wir können also nichts dafür! Damit wird vielfach der Opferstatus einzementiert. Aus dieser Falle kommen viele Analysanden ein Leben lang nicht mehr heraus. Fremdbeschuldigung und Selbstmitleid blockieren die Gegenwart durch die als übermächtig interpretierte Vergangenheit.

Doch dabei entwirft sich der Mensch nicht auf die Zukunft hin, entwickelt seinen Charakter nicht weiter. Vielmehr wühlt er beständig den Schlamm der Vergangenheit auf. Es ist zweifellos wichtig, Vergangenes zu reflektieren und richtig einzuordnen. Aber man muss auch abschließen und vergeben können. Unseren Charakter können wir nur nach vorne entwickeln. Wer wir gewesen sind und was wir erleben mussten, müssen wir akzeptieren. Wer wir sein werden, können wir bestimmen.

Es gibt eine aufschlussreiche Anekdote über Viktor Frankl und seine Zeit im Psychiatrischen Krankenhaus in Wien. Von hunderten Patienten ließ er Fragebögen ausfüllen, um sogenannte *»Live-Events«* zu finden: Also Ereignisse in der Vergangenheit, die das Potential haben, Traumata auszulösen. Dann wiederholte er die Untersuchung bei dem Personal, mit dem er zusammenarbeitete. Es stellte sich heraus, dass das gesunde Personal und die kranken Patienten beinahe gleich viele solcher Live-Events aufwiesen. Nur waren die Patienten depressiv und suizidgefährdet, die Pfleger jedoch in der Lage, ihnen durch Empathie und Mitgefühl zu helfen. Wie kam das? Für Frankl war klar, dass Live-Events allein keine Begründung für psychische Erkrankungen liefern konnten – sonst hätten ja alle Befragten mit solchen Live-Events Patienten werden müssen.

Der siebente und vorletzte der vorgestellten Denker baut seine Psychologie auf ähnlichen Prämissen auf wie Frankl: Martin Seligman hat viel zum Thema Depression geforscht und gilt als einer der Begründer der *Positiven Psychologie*. Die Positive Psychologie befasst sich nicht in erster Linie mit den Schwächen und Defiziten des Menschen, sondern mit seinen Stärken. Sie versucht, diese herauszuarbeiten und weiterzuentwickeln.

Dabei greift Seligman zu dem klassischen Konzept der Tugenden, die uns in diesem Buch begleitet haben. Mit ihnen soll es gelingen, die richtige Lebensweise einzuüben und zu kultivieren. Neben Klugheit, Gerechtigkeit, Tapferkeit und Maß nimmt Seligman noch Glaube und Liebe hinzu. Tugenden helfen nach Seligman bei der Arbeit, die wir an uns selbst verrichten müssen.

Frau K. muss in ihrer Therapie alle diese Tugenden geduldig und sorgfältig einüben. Die Orientierung an der Gerechtigkeit lässt sie Verantwortung für ihr Handeln übernehmen, ohne alles auf äußere Faktoren zu schieben. Durch Ausrichtung auf das richtige Maß gelingt es ihr, von Drogen, Alkohol und eskapistischen Beziehungen wegzukommen. Die Tapferkeit schließlich hilft ihr, ihren Ängste auch im Alltag zu begegnen und mit ihnen leben zu lernen.

Die Klugheit lenkt den Einsatz der anderen Tugenden. Sie reflektiert über ihre Handlungen und Empfindungen und durch sie fällt man nicht mehr so schnell auf eine bauchgetriebene, emotionale Ebene zurück. In der Therapie entwickelt Frau K.

schrittweise den »unbeteiligten Beobachter«, eine Instanz, die sie begleitet und ihr dabei hilft, emotionale Situationen »von oben« zu betrachten, sich also von ihren eigenen Befindlichkeiten zu distanzieren und diese rational zu hinterfragen. Damit kann sie erkennen, wenn sie in alte Muster zurückzufallen droht und so den Rückfall vermeiden.

Durch die Liebe schließlich ist sie in der Lage, ihrer Mutter zu vergeben und wieder Kontakt mit ihr aufzunehmen. Auch gelingt es ihr, narzisstischen Männern aus dem Weg zu gehen. Sie lernt, Nein zu sagen, weil sie lernt, sich selbst zu lieben. So ist der Weg bereitet für einen Mann, zu dem sie eine echte Beziehung aufbauen kann.

Der Glaube schließlich gibt ihr die Kraft, nicht aufzugeben und Sinn in ihrem Leben zu finden. Die Werte ihres Herzens weisen ihr dabei den Weg. Sie weiß, was ihr wichtig ist und was ihr Leben erfüllt.

Fall 16: Ein glückliches Leben? – Teil 5

Frau K. ist nun schon über ein Jahr in Therapie. Ihr Leben hat sich seitdem komplett verändert. Sie konzentriert sich auf ihren Beruf und sich selbst. In ihrer freien Zeit erholt sie sich, das Partyleben hat sie völlig aufgegeben. Alkohol trinkt sie kaum noch, Marihuana hat sie seit Monaten keines mehr angerührt.

»Die Erschöpfung ist völlig verschwunden«, berichtet sie dem Psychiater. »Ich habe auch keine Angst mehr, wenn ich morgens in die Arbeit gehe, denn mich plagt kein schlechtes Gewissen. Ich treibe wieder Sport, fühle mich fit, ausgeschlafen und bereit, neue Aufgaben zu übernehmen.«

Frau K. strahlt, als sie berichtet: »Gestern hat mein Chef mich zu einem Gespräch geladen und mir eine Beförderung in Aussicht gestellt! Vor einigen Monaten noch hatte ich Angst, gefeuert zu werden, und jetzt werde ich vielleicht sogar befördert!« Mit einem Lächeln fügt sie hinzu: »Aber falls es mit der Beförderung nicht klappen sollte, bricht keine Welt zusammen. Ich bin zufrieden, wo ich jetzt stehe.«

Der Psychiater weiß, dass Frau K. seit einigen Wochen wieder in einer Beziehung ist, nachdem sie eine Zeit lang völlig auf männliche Bekanntschaften verzichtet hat. Wie es läuft, fragt er.

»Wir wollen es langsam angehen«, sagt sie und errötet dabei. »Das ist auch etwas, das ich zuvor noch nie gemacht habe. Er ist sehr aufmerksam, wir sprechen viel über unsere Gefühle und auch über unsere Vergangenheit. Er ist nicht fordernd oder verurteilend wie meine früheren Partner. Zum ersten Mal empfinde ich auch echte sexuelle Lust, ohne irgendetwas vorspielen zu müssen. Es fühlt sich sehr schön an. Ich wusste nicht, dass Liebe so sein kann.«

Frau K. räuspert sich.

»Trotzdem gibt es noch immer Momente, in denen ich mir schwertue, meine Gefühle zu ordnen und richtig einzuschätzen. Manchmal habe ich Angst, dass dieses neue Leben bloß ein Traum ist, dass ich eines Tages aufwache und alles wieder so ist wie zuvor. Aber ich kenne mich nun selbst viel besser und weiß, worauf es ankommt. Ich weiß, dass Glück Arbeit erfordert, Arbeit an mir selbst. Und solange ich dazu bereit bin, glaube ich daran, dass alles gut wird.«

Mit Frau K. und mit ihren Einsichten sind wir beim achten und letzten der Denker angekommen, deren Theorien wichtig sind auf dem Weg vom Bauch zum Herzen. Die Rede ist von dem deutschen Psychologen Michael Linden, der in der Berliner Charité arbeitet und die *posttraumatische Verbitterungsstörung* entdeckt hat.

Linden entwickelte die *Weisheitstherapie*, in der es um die Bewältigung schwieriger Lebensfragen geht. Weisheit ist für Linden die Fähigkeit, die Lebenserfahrung richtig einzusetzen und aus ihr das Potenzial abzuleiten, komplexe Lebensprobleme zu lösen. Genauso können Menschen, die aus ihrer Erfahrung »weise« geworden sind, negative Lebensereignisse besser einschätzen und mit ihnen umgehen, ohne sich von ihnen aus der Bahn werfen zu lassen. Weisheitskompetenzen sind etwa die Fähigkeit zum Perspektivenwechsel, die Empathiefähigkeit, Wahrnehmung und Akzeptanz der eigenen Emotionen, Wertrelativismus, Selbstdistanz, das Ertragen von Ungewissheiten und der Wille, Problemen produktiv und lösungsorientiert zu begegnen.

Mithilfe der Therapie, vor allem aber durch die Arbeit an sich selbst, hat Frau K. solche Weisheitskompetenzen erworben und ist nun dabei, sie täglich zu kultivieren. Zu Beginn der Therapie war sie ihren Bauchgefühlen noch völlig unterworfen. In einem ersten Schritt hat sie gelernt, ihre Vernunft einzuschalten, ihre Probleme zu benennen und zu reflektieren. Danach hat sie gemeinsam mit ihrem Psychiater die Werte ihres Herzens erkundet und artikuliert. Nun ist sie dabei, Tugenden einzuüben und ihre Bauchgefühle zu kultivieren, sodass es sich für sie eines Tages ganz selbstverständlich anfühlen wird, das Richtige zu tun.

Damit befindet sie sich auf einem Weg, der ein Leben lang dauert. Natürlich wird es für den konsequent Übenden leichter, doch der Bauch ist nichts, was wir uns herausoperieren könnten.

Das wäre auch kontraproduktiv, immerhin helfen uns Bauchgefühle auch, Vertrauen aufzubauen, Mut aufzubringen, Gefühle zuzulassen. Viele führen uns in die richtige Richtung, wenn auch sicher nicht alle. Doch mit der Tugend der Klugheit können wir erkennen, in welchen Momenten sie angebracht sind und wann sie uns etwas aufzwingen wollen.

Mit den genannten Denkern gelingt es, Freuds Ideen vom Es, dem Unbewussten und dem Trieb zu einer Psychologie der Bauchgefühle zu entwickeln, die wir mithilfe des Reflexionsvermögens des Kopfes und den Tugenden des Herzens kontrollieren können und durch die wir auch vom Schönen zum Wahren und Guten gelangen.

Der Mensch ist so nicht mehr bloß Marionette der eigenen Triebe, sondern entwirft sein Leben frei in eine gestaltbare Zukunft. Durch die Kooperationsfähigkeit, deren Bedeutung von Adler ausgehend auch Künkel, Buber und Cloninger betonen, lernen wir uns als soziale Wesen zu begreifen. Die Selbstkontrolle, Selbststeuerung und Selbstprägung in den Theorien Bauers und Cloningers sowie die Positive Psychologie von Seligman und die Weisheitstherapie von Linden helfen uns dabei, uns zu selbstreflektierten und tugendhaften Menschen zu machen.

Die Selbsttranszendenz, die wir bei Frankl finden, gibt unserem Leben einen Sinn, der den niederen Horizont unserer Triebe und Bedürfnisse übersteigt. Statt der niederen, vom Egoismus getriebenen Selbstverwirklichung des Bauches ist es die Selbsttranszendenz, nach der uns das vernunftbegabte, kluge Herz streben lässt. Die Selbstverwirklichung des Herzens.

EPILOG
Singe mir des Achilleus unheilbringenden Zorn

Die erste Geschichte der abendländischen Literatur ist eine Geschichte der Bauchgefühle. Sie handelt von Liebe und Verrat, Machtgier und Hass, von Selbstüberschätzung und Verblendung. Sie kündet von einer die Zeiten überdauernden Wahrheit.

Die *Ilias* von Homer wurde vor über 2.500 Jahren geschrieben. Der Autor war bereits in der Antike ein Mythos. Man erzählte sich, er hätte mit den Musen gesprochen und im Gegenzug auf sein Augenlicht verzichtet. Als Blinder sah er nicht die Oberflächlichkeiten unseres Lebens, sondern seinen verborgenen Sinn.

Die *Ilias* erzählt vom letzten der zehn Jahre, die der Trojanische Krieg andauerte. Die Geschichte dürfte bekannt sein: Der trojanische Königssohn Paris raubt die schöne Helena, die mit dem spartanischen König Menelaos verheiratet ist. Menelaos wendet sich an seinen Bruder Agamemnon, den mächtigen Herrscher von Mykene und Oberbefehlshaber der Griechen. Mit einem gewaltigen Heer zieht Agamemnon vor die Tore Trojas. Unter den Kämpfenden befindet sich auch Achill, der als stärkster Kämpfer des griechischen Heeres gefürchtet wird. Was folgt, ist die längste und bedeutendste Schlacht in der Geschichte der Antike, von der wir bis heute nicht wissen, ob und in welcher Form sie stattgefunden hat.

Doch während eine Schlacht zweitausend Jahre später höchstens noch für Historiker interessant ist, kann Homers Werk auch heute noch etwas über die *conditio humana* verraten. Und tatsächlich entsteht das Drama seiner Erzählung aus den Bauchgefühlen der Figuren.

Vor Begierde geblendet, vernachlässigen Paris und Helena ihre Pflichten und fliehen gemeinsam nach Troja. Sie stellen ihr persönliches Glück über den Frieden ganzer Völker. Menelaos kann die Kränkung seines Stolzes nicht überwinden und ist bereit, einen Krieg vom Zaun zu brechen, um seine verletzte Männlichkeit zu rächen. Agamemnon sieht in der Bitte seines Bruder die willkommene Gelegenheit, das mächtige Troja zu Fall zu bringen und sein Einflussgebiet zu erweitern.

Die *Ilias* zeigt wunderbar, wie Begierde, Stolz und Gier zu einem Krieg führen können, der Verwüstung und Schrecken nach sich zieht. Achill sticht als Held aus dieser Geschichte heraus, weil es ihm als einzigem gelingt, seine Bauchgefühle zu überwinden. Der Konflikt des Achill beginnt damit, dass ihn Agamemnon vor seinen eigenen Leuten erniedrigt und allen zeigt, dass Achill auch bloß ein Soldat in seinem Heer ist. Achill, der aufgrund seiner Fähigkeiten im Kampf eine Sonderstellung beansprucht, ist daraufhin so voller Zorn, dass er sich in sein Zelt zurückzieht und sich weigert, zu kämpfen. Das wendet den Verlauf der Schlacht und die Trojaner gewinnen die Oberhand. Erst als sein Freund Patroklos getötet wird, erkennt Achill, dass er seine persönlichen Befindlichkeiten hinter sich lassen und seine Pflicht erfüllen muss, an der das Leben unzähliger Menschen hängt. Es liegt an ihm, den Krieg zu beenden. Er verlässt das Zelt, schlägt die Trojaner zurück und wendet so die Niederlage von den Griechen ab.

Bei dieser Nacherzählung von Homers Epos handelt es sich um eine moderne Interpretation, die sich von der antiken Deutung in einem gewichtigen Detail unterscheidet. Homer und mit ihm die gesamte antike Welt sahen weder die Handlungen der Griechen noch der Trojaner als selbstbestimmt an. Die ganze Tragik des antiken Dramas entsteht in der Annahme, dass Menschen ein von den Göttern bestimmtes Schicksal haben und diesem nicht entkommen können. Seit damals sind zweitausend Jahre vergangen, doch haben wir uns tatsächlich so sehr verändert?

Statt Götter, die in unser Leben eingreifen und unser Schicksal lenken, ist es heute die Illusion von »unserer Natur«, unseren Genen und unserer angeborenen Persönlichkeit, die uns eine Ausrede liefert für viele unserer falschen Entscheidungen.

»So bin ich nun mal«, ist das Mantra unserer Zeit, die allgültige Entschuldigung. Damit hat der Bauch ein scheinbar unwiderlegbares Argument auf seiner Seite. Unsere Bauchgefühle führen uns doch zum Kern unserer Wünsche, in die Tiefen unserer Existenz. Kann es denn schlecht sein, man selbst zu sein?

Doch es ist nicht a priori richtig, seiner Natur nachzugeben.

Der Mensch ist nicht genuin gut, er ist auch nicht genuin schlecht. Er ist bedingt frei und neigt immer ein wenig zur Egozentrik. Diesen Einschlag aber kann er willentlich ausgleichen. Er kann seine Werte frei wählen, als Kompass seines Handelns. Und in dieser Freiheit kann er sich entscheiden, für das Gute genauso wie für das Schlechte. Das Gute zu tun, macht den Menschen freier, das Schlechte macht ihn unfreier. Kein Gott bestimmt Achill dazu, seine Pflicht zu erfüllen. Zum wahren Helden des Epos macht ihn nur die eigene Entscheidung.

Geben wir die Verantwortung für unsere Entscheidungen ab, so werden wir zunehmend von unseren Bauchgefühlen beherrscht werden. Dann verlieren wir die Möglichkeit, über sie zu reflektieren und uns gegen sie zu entscheiden. Dann werden wir uns kopflos verlieben und unglücklich sein, weil wir nicht lange jenen Menschen begehren, mit dem wir gerade zusammen sind. Wir werden stets mehr wollen und nie genug haben. Wir werden von der ständigen Angst begleitet sein, nicht gut genug zu sein. Und letztlich wird sich diese Angst in Hass verwandeln, der sich gegen alles richtet, was unserer Weltsicht zuwiderläuft und sie dadurch herausfordert.

Die vorangegangenen Kapitel dieses Buches haben gezeigt, dass Bauchgefühle nicht bloß für individuelle, sondern auch für viele gesellschaftliche Probleme verantwortlich sind. Die Ilias vermag dies eindrücklich zu schildern: Aus den Bauchgefühlen einiger weniger wird ein vernichtender Krieg. Zu lernen, mit Bauchgefühlen umzugehen, ist von größter Bedeutung, nicht nur für das persönliche Glück, sondern auch für ein gelingendes Sozialleben.

Dabei gibt es natürlich auch noch mehr Bauchgefühle als die in diesem Buch besprochenen grundlegenden Gefühle Gier, Angst, Hass und Liebe. Doch diese vier sind sehr elementare und existenzielle Bauchgefühle, von denen sich viele andere ableiten lassen. Und sie sind wohl die für unsere Gesellschaft aktuell bedeutendsten.

In der Liebe muss es gelingen, schrittweise bis zur Agape vorzudringen. Der Bauch spielt im Verlieben eine wichtige Rolle. Ohne das Begehren des Eros kann keine Beziehung beginnen, sie ist der zündende Funke. Doch die Verliebten dürfen nicht auf die Philia, die Prüfungszeit, vergessen, in der sie den Partner abtasten. Geistig abtasten, wohlgemerkt. Und schließlich muss die Agape als Entscheidung für eine lebenslange Liebe getroffen werden. Sie ist kein Zustand, den man unbemerkt erreicht und in dem man es sich dann gemütlich machen kann. Man muss sich bewusst und überzeugt dafür entscheiden. Die Agape hätte Paris und Helena niemals zusammenkommen lassen. Die Entwicklung der natürlichen Reifung verläuft von der anfänglichen begehrenden Liebe – »Ich will dich!« – hin zur konstanten, schenkenden Liebe – »Ich geben mich dir hin.« Die Agape hilft uns, aversive Bauchgefühle gegen den Partner zu überwinden, und ihn mit Liebe zu behandeln.

Ebenso braucht es eine bewusste Entscheidung, um sich den materiellen Verlockungen der Gegenwart und dem Anhäufen von Statussymbolen zu entziehen. Gerade weil wir in einer Gesellschaft leben, die uns zu überzeugen versucht, immer mehr zu brauchen und zu wollen, müssen wir Distanz gewinnen zum Leistungswettbewerb. Der Bauch ist gierig, doch wir können dieser Gier klar definierte Ziele und Werte entgegenhalten, deren Erreichung uns glücklich macht. Es geht nicht darum, keinen Ehrgeiz zu entwickeln, sondern seine Ziele selbst zu bestimmen und sie basierend auf inneren Werten zu wählen. Wäre Agamemnon nicht begierig darauf gewesen, einen mächtigen Kontrahenten auszuschalten und seine eigene Macht zu erweitern, hätte er seinem hasserfüllten Bruder wohl kein Heer zur Verfügung gestellt und damit unnötiges Blutvergießen vermieden.

Viele Menschen werden in ihrem Leben heute von Ängsten begleitet. Diese können ganz verschiedene Formen annehmen: Angst vor Krankheit oder Tod, vor Unfreiheit oder Kontrollverlust, vor Scham oder Unvermögen. Daran können Menschen zugrunde gehen. Sie vermeiden jene Dinge, die ihnen Angst machen, und beschneiden damit ihr Leben, bis bloß noch einige wenige Inseln der Sicherheit übrigbleiben, die wie Eisschollen dem Meer der Alltäglichkeiten ausgesetzt sind.

Es braucht mutige Entscheidungen, in dieses Meer hineinzuspringen, sich den Ängsten zu stellen und wieder zu lernen, mit dem Ungewissen umzugehen. Nur so können wir unsere Freiheit zurückerlangen.

In der Angst zu verweilen ist auf Dauer keine Option. Denn sie führt letztlich in den Hass. Wenn wir verlernen, offen zu bleiben für Neues und uns auf die Suche nach der Wahrheit zu begeben, dann klammern wir uns angsterfüllt an unsere Weltsicht und lehnen alles ab, was unbequem sein oder uns zwingen könnte, unsere Vorstellungen und Überzeugungen aufzugeben. Bald wird aus innerer Überzeugung die feindselige Ablehnung von allem anderen. Hätte sich Menelaos weniger darum gekümmert, was andere von ihm denken, und sein Selbstbewusstsein nicht von seiner Frau Helena abhängig gemacht, hätte er nie jenen abgrundtiefen Hass entwickelt, der am Beginn des Trojanischen Krieges steht.

Homers *Ilias* zeigt eindrücklich, wie uns die gleichen Probleme seit mehr als zweitausend Jahren verfolgen. Heute scheinen sie jedoch aktueller denn je. Wie also gegen sie vorgehen? Das kann nur mithilfe von Kopf und Herz gelingen. Der Kopf als Verstand des Menschen schafft Distanz, hinterfragt unsere Bauchgefühle, vergleicht, wägt ab und analysiert. Doch Kopfmenschen schaffen sich andere Probleme. Sie sind kalt, entscheidungsschwach und tun sich schwer damit, Empathie zu empfinden.

Weder Bauch noch Kopf sind allein in der Lage, nach dem Guten zu suchen. Die Entscheidung dazu fällen wir mit unserem Herzen. Das Herz ist die Entscheidungsmitte des Menschen, in ihm finden sich unsere Werte. So auch das Gewissen, also die Prüfinstanz, ob er auch gemäß seiner für gut erkannten Werte lebt.

Doch auch das Herz will orientiert und das Gewissen gebildet werden. Denn es könnten uns wichtige Werte fehlen, oder wir könnten uns unseren Werten gegenüber gleichgültig verhalten. Dann haben wir kein Korrektiv für unsere Bauchgefühle. Auf diese Art werden wir nie jene Selbsttranszendenz erreichen, die uns Gelassenheit, Stabilität und Frieden bringt.

Das Herz kann mit der Wahl seiner Werte eine Verankerung im Absoluten, im Transzendenten erlangen. Solange wir verhaftet bleiben in der Immanenz, also den natürlichen Trieben, können uns dagegen Gier, Wollust, Angst und Hass bestimmen.

Ein Mensch muss sich dazu entscheiden, sich auf die Suche nach dem Wahren, Guten und Schönen zu machen und sein Leben danach auszurichten. Wenn ein Mensch dazu nicht bereit ist, bleibt er oberflächlich, zweidimensional flach und merkwürdig blind für die Dreidimensionalität der Realität. Offenheit für das Wahre bedeutet bereit zu sein, die eigenen Überzeugungen aufzugeben, wenn sie sich als falsch herausstellen. Wer das Wahre sucht, konstruiert keine Argumente, um Recht zu behalten, sondern prüft seine eigene Meinung genauso kritisch wie die der anderen. Er erlangt die Fähigkeit, einzusehen, wenn er falsch liegt.

Am Guten orientiert sich das tugendhafte Leben, durch die Selbsttranszendenz, von der Frankl spricht. Lernen, von sich selbst abzusehen und sein Handeln einem Dienst zu widmen, der anderen Menschen hilft, darin kann der Mensch sich tatsächlich selbst übersteigen. Achill wird zum Helden, weil er erkennt, dass sein Egoismus seine Kameraden dem Tod preisgibt und sich deshalb entscheidet, seine Pflicht zu erfüllen.

Mithilfe von Klugheit, Gerechtigkeit, Tapferkeit und Maß kann es gelingen, das Herz immer neu zum Guten hin auszurichten, sich für das Gute zu entscheiden. Wir kultivieren und prägen den Bauch, indem das Herz in seinen Handlungen nur noch jenen Bauchgefühlen nachgibt, die mit unseren Werten übereinstimmen. Alle anderen nehmen wir wahr, doch richten wir unser Handeln nicht nach ihnen aus. Und diese Handlungen kultivieren den Bauch. Den auf diese Weise selbstgeprägten Bauch nennt man Tugend.

Das muss zum Merksatz werden: Tugend ist die Leichtigkeit im Tun des Guten. Leicht deswegen, weil in der Tugend auch der Bauch auf das Gute hin ausgerichtet wird und man so Lust auf das Gute verspürt, während das Böse Aversion, natürliche, spontane Ablehnung und sogar Unlust verursacht.

Der freie Mensch zeichnet sich dadurch aus, dass es für ihn völlig natürlich ist, Gutes zu tun. Es gibt für ihn keinen inneren Konflikt, kein Zögern und keine Ungewissheit. Das ist keine fromme Theorie, sondern eine praktische Lebenseinstellung. Mit ihr wird es uns leichtfallen, Gutes zu tun. Etwa das Aufstehen in der Früh, die Treue zur Ehefrau oder die Wahrheit zu sagen. Die Möglichkeit der Selbstprägung bringt den Bauch dazu, irgendwann das Gute mit Lust und Freude zu wollen, selbst wenn es der kurzfristigen Befriedigung entgegensteht. Damit hat es das Herz viel leichter, sich für die gute und richtige, aber mühseligere Handlung zu entscheiden. Ein solches Herz besitzt etwa der Zwölfjährige, der unumwunden zugeben kann, dass sein Fußball die Fensterscheibe zerbrochen hat oder der zugunsten eines jüngeren Geschwisterchens auf ein Stück Kuchen verzichten kann, die Frau, die nachts die weinenden Kinder versorgt, damit der Mann schlafen kann, oder ein verheirateter Mann, der fremde schöne Frauen meidet, weil er um seine Schwäche weiß. Und der Alkoholiker, der sich keinen Wein mehr kauft.

Zu Anfang dieses Buches wollte der Bauch immer mehr. Er wollte Lustbefriedigung, Geld, Anerkennung und stets im Recht sein. Nun, am Ende angelangt, will der Bauch Agape und Genügsamkeit und hat keine Angst mehr davor, falschzuliegen und

Irrtümer zuzugeben. Er arbeitet nun nicht mehr gegen Kopf oder Herz, sondern in Einklang mit ihnen.

Frei ist der Mensch von Anfang an, auch wenn wir uns gerne auf die unveränderliche Natur unseres Charakters hinausreden. Doch erst wenn er tief in seinem Inneren danach trachtet, sein Herz am Wahren, Schönen und Guten auszurichten und auch lernt, seinen Bauch entsprechend den eigenen Werten zu prägen, bis er ein gutes Leben lebt – erst dann wird er wirklich frei, selbstbestimmt, sinnerfüllt und glücklich sein.